U0914994

IBDP 中文B

概念探究考学双赢 SL

Guide to Chinese B Study and Test （SL）

（下册）

韦庆芳　主编

SinolinguA
华语教学出版社

First Edition 2025

ISBN 978-7-5138-2564-1
Copyright 2025 by Sinolingua Co., Ltd
Published by Sinolingua Co., Ltd
24 Baiwanzhuang Street, Beijing 100037, China
Tel: (86) 10-68320585 68997826
Fax: (86) 10-68997826 68326333
https://www.sinolingua.com.cn
E-mail: hyjx@sinolingua.com.cn
Printed by Beijing Zhongke Printing Co. Ltd.

Printed in the People's Republic of China

编委会

主　编

韦庆芳

主创人员

葛婷婷　张淑萍

胡蓉蓉　韦珊珊

前言

2020年首次评估的IBDP语言B新考纲对教学内容、教学方法、学习方法及评估都提出了更详细的要求。在教学内容上，考纲提出了五大学习主题（身份认同、体验、人类发明创造、社会组织、共享地球），并在五大主题之下列出29个推荐话题。此外，增加了目的、受众、情境、意义和变异五大概念，同时强调培养学生国际情怀的重要性。针对教学方法，考纲要求教学要基于探究、注重概念、情境化、协作、因材施教、通过评估获得信息反馈六大原则。在学习方法上，考纲要求培养学生的思考技能、研究技能、交流技能、社交技能和自我管理技能，以帮助学生成长为具有学习技能的终身学习者。在评估方面，考纲规定所有听、说、读、写的评估都基于五大学习主题进行。

本书正是遵循考纲的要求、基于五大学习主题设计了丰富有趣的探究活动和阅读活动，以实现学生对各主题概念、内容、文体、目的语文化的理解，提升学生的国际情怀。本书同时根据考纲评估要求提供实用的评估实践，为学生在IB评估中取得成功搭建脚手架。

以下表格是本书基于IBDP“探究—行动—反思”这一探究模型而设计的章节结构。

探究	• 话题探究：在每个分话题中，以概念性理解、探究说明和探究问题引领话题内的探究方向，提供丰富的探究活动。请注意这些探究并不一定要按顺序完成，对于丰富学生话题知识的活动，如调查青少年的生活方式，可安排在文本精读之前；对于项目式的活动，如设计个人生活方式计划，可安排在话题学习结束之后完成。

行动	• 文本精读：以五大主题 29 个分话题为线索，每一个分话题都提供紧扣话题内容的文本和精读活动，以帮助学生掌握分话题的核心内容、文体特点、阅读技巧等。 • 阅读练习：为每一篇精读文本提供紧扣 IB 阅读评估要求的练习，以提高学生的阅读技能和答题技巧。 • 拓展阅读：提供目的语文化阅读文本，以深化学生对主题相关概念、目的语文化的理解，提升学生的国际情怀。 • 评估实践：按照 IB 评估要求，提供听力、个人口头活动和写作的评估实践，为学生成功完成 IB 评估搭建脚手架。
反思	• 话题反思：每个分话题结束后都设计了针对该话题探究题的反思活动，让学生通过反思促进下一阶段的学习。

本书每一章节的设计都紧扣 IBDP 的教学方法原则、学习方法和评估要求。从以下表格，读者可以清晰地看到本书是如何体现 IBDP 的教学方法原则、学习方法和评估要求的。

IBDP 教学方法原则	本书呈现方式
基于探究	• 遵循探究—行动—反思的探究模型设计分话题学习活动，以概念性理解、探究说明和探究问题引领话题探究方向。 • 提供丰富的探究活动及技能训练，最后以反思活动结束对话题的学习，以促进学生下一阶段的学习。
注重概念性理解	• 探究活动、文本精读活动旨在促进学生对概念的理解。 • 评估中注重对概念理解的要求。
在当地和全球情境中展开	• 精读文本体现五大主题及相关话题核心知识，并紧扣时事及学生现实生活。 • 提供目的语文化拓展阅读，培养学生的国际情怀。
有效的团队协作	• 提供小组合作探究活动。

IBDP 教学方法原则	本书呈现方式
因材施教	• 提供丰富的文本和探究活动，以适应不同学习风格和水平的学生。 • 提供不同难度的拓展阅读文本，用 * 号标示文章难度指数，以适应不同水平的学生。 • 在探究活动和反思活动中，学生可以用不同的方式呈现其探究和反思成果。
通过评估（形成性和总结性）获得信息反馈	• 根据 IB 评估标准提供评估指导和实践。 • 提供评估自我反思表格。

IB 学习方法	本书呈现方式
思考技能	• 在探究、阅读及反思中，使用大量可视化思维活动（visible thinking routine），以培养学生的思维能力。
研究技能	• 在探究、阅读及反思活动中，培养学生查阅筛选资料、分析、比较、诠释、总结等技能。
交流技能	• 在探究活动中，培养学生对概念性理解的聆听和表达能力。 • 在个人口头表达评估实践中，培养学生口头表达和互动交流的技能。 • 在写作评估实践中，培养学生通过不同文体阐述观点、交流信息的能力。
社交技能	• 提供丰富的小组探究活动，培养学生团队沟通协作能力。 • 丰富的阅读文本，促进学生对目的语文化的理解，培养国际情怀并提高社交技能。
自我管理技能	• 在探究活动及评估中，培养学生时间管理、计划安排、自我反思等方面的能力。

<table>
<tr><th colspan="2">BSL 评估内容</th><th>BSL 评估要求</th><th>本书呈现方式</th></tr>
<tr><td>校外评估试卷一</td><td>写作</td><td>基于五大学习主题，写一篇300～480字的作文</td><td>• 在精读文本中，强调文体特点。
• 在写作评估实践部分，培养学生审题技巧和写作技巧。</td></tr>
<tr><td rowspan="2">校外评估试卷二</td><td>听力</td><td>基于五大学习主题的三篇听力理解</td><td>• 在文本精读部分，注重积累话题词汇。
• 在听力评估实践部分，提供听力练习及听力答题技巧。</td></tr>
<tr><td>阅读</td><td>基于五大学习主题的三篇阅读理解</td><td>• 全书提供 29 篇精读文本及丰富的阅读活动。
• 提供阅读练习及答题技巧。</td></tr>
<tr><td>校内评估</td><td>个人口头活动</td><td>基于视觉启发材料的口头活动</td><td>• 在文本精读部分，注重积累话题词汇及目的语文化知识。
• 在个人口头评估实践部分，提供图片分析技巧、口头表达思路及口头表达范本。</td></tr>
</table>

* 本书涉及文体特点、答题技巧的部分均用橙色提示框标注。

本书由具有丰富一线教学经验的教师联合编写，力求最大限度地遵循 IB 基于概念探究的教学理念，秉持诚心为 DP 学生创造真实的学习情境，提供有趣的探究活动、有效的学习资料和学习方法，与同行老师们交流教学心得。笔者期待此书能成为学生学习、老师教学的好帮手。

目录

第四单元　社会组织

第五单元　共享地球

第四单元

社会组织

单元描述

人的社会性把不同的人联系在一起，形成了各种各样的社会组织。家、学校、社区对你来说都是再熟悉不过的地方。不论是家人、同学、朋友还是邻居都和你有着千丝万缕的关系。你知道如何与他们和睦相处吗？你参加过社区举办的哪些活动？在学校面临巨大压力时，你会如何减轻压力、消除烦恼？在本单元中，我们将学习人与人之间的各种关系，回忆社区举办的丰富多彩的活动，谈谈 21 世纪的职场面临的机遇和挑战、在线教育、社会参与及求职应聘。

话题一

社会关系

话题探究

概念：目的、情境、联系。

概念性理解：作者根据目的和情境进行创作，以加强联系。

探究问题类型	探究问题
事实性问题	1. 书信的目的是什么？ 2. 个人信件和正式信函的使用情境有什么不同？ 3. 个人信件的文体格式有哪些特点？ 4. 什么是社会关系？人与人之间有哪些关系？ 5. 社会关系对个人的成长有哪些影响？
概念性问题	1. 目的和情境如何影响文本的创作？ 2. 文本创作如何加强人与人之间的联系？
技能性问题	1. 如何通过上下文猜测生词的含义？ 2. 如何通过小标题、俗语等找到关键信息？ 3. 如何通过找到中心句来概括段落大意？ 4. 在做听力理解时，如何根据录音和选项之间的同义词替换、因果关系等选出正确答案？
辩论性问题	“不听老人言，吃亏在眼前”一定是对的吗？

探究活动：

1. 请从以上文字云中选出你认为最重要的三个社会关系。

2. 选择其中一个社会关系，给对方写一个明信片，写出你想对他 / 她说的心里话。

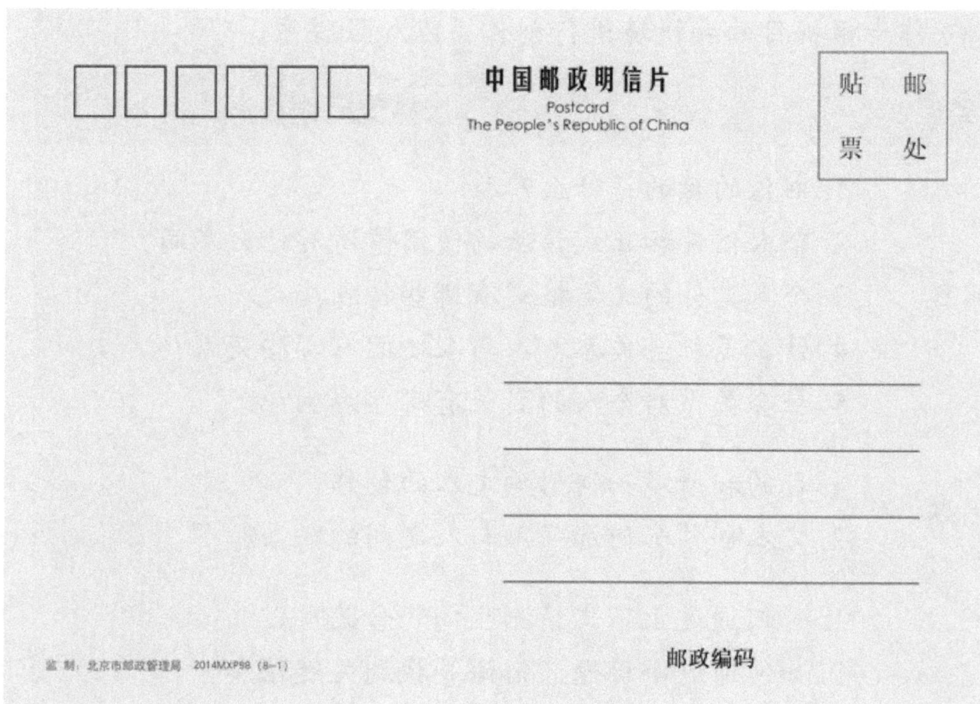

文本精读

第一行顶格写收信人的称呼，后加冒号。

给儿子的信

文体：个人信件。包括：称呼、问候语、正文、祝福语、署名和日期。

亲爱的儿子：

晚上好！

今天毕业典礼结束，意味着你从高中毕业走向成年。在你即将进入大学之际，爸爸妈妈要给你一些建议。

第二行开始正文。前面空两格，以问候语开头。

第一，【例】。俗话说，在家靠父母，出门靠朋友。在你的人生中，你的同学、朋友陪伴你的时间可能比我们陪伴你的时间多得多，他们给你的鼓励和安慰更贴心，他们是你人生中最宝贵的财富。同时，你也学过"近朱者赤，近墨者黑"这句俗语，所以，我们希望你能多交朋友、交好朋友，这样你就不会感到孤单，人生也会变得更丰富多彩、更有力量。

第二，【–9–】。在人生路上，我们绝不能一遇到困难就放弃，应该勇敢乐观地面对它，克服它。儿子，每个人一生中都会跌倒很多次，不管有多痛，爬起来坚强地往前走才会走得更远，看到更美的风景。

第三，【–10–】。在生活中，常常会发生一些不愉快的事，这时候，我们最需要的就是互相理解、互相尊重。宽容让我们的心更自由，使我们的生活更快乐。如果你拥有一颗宽容的心，你将一生收获笑容。

第四，【–11–】。青春不仅是用来怀念的，更是用来创造的，你要让自己的青春丰富起来，去尝试做每一件有意义的事情——包括发展一项爱好、参与各种集体活动、进行体育锻炼、设计电子产品等。年轻，没有什么不可以尝试！

祝

健康快乐、幸福一生！

最后两行写写信人的署名和日期。

爱你的爸爸妈妈

2024 年 6 月 10 日

词汇梳理

序号	生词	拼音	英文解释
1	俗话	súhuà	proverb; common saying
2	靠	kào	rely on
3	安慰	ānwèi	comfort
4	贴心	tiēxīn	intimate; close
5	财富	cáifù	fortune
6	孤单	gūdān	lonely
7	丰富多彩	fēngfù duōcǎi	colorful
8	克服	kèfú	get over
9	跌倒	diē dǎo	fall down
10	宽容	kuānróng	be tolerant
11	收获	shōuhuò	reward
12	尝试	chángshì	to try
13	集体活动	jítǐ huódòng	group activity

俗语梳理

序号	中文	英文解释
1	在家靠父母，出门靠朋友。	Rely on your parents at home, and on friends when you're out.
2	近朱者赤，近墨者黑。	One who nears cinnabar goes red, and one who stays next to ink turns black—one takes on the color's of one's company.

句式梳理

序号	中文	英文解释
1	在……之际	on the occasion of…
2	绝不能	never
3	不管……，才……	regardless of…, …will…

内容梳理

给儿子的信

建议一：______

建议二：学会______

建议三：______

这是一篇______，这篇文章的交流目的是______，受众是______，这种文体最大的特点是______。

阅读练习

一、请根据文章内容选择正确答案。

1. 这封信里的儿子已经________。

   A. 进入高中

   B. 高中毕业

   C. 进入大学

   D. 大学毕业

> 答题技巧：阅读文本，找到关键词“毕业典礼”“高中毕业”。

二、根据第二段内容，找出最接近下面说法的俗语。

> 请仔细看题和文章当中的关键词“俗话说”和“俗语”。

2. 在家时可以依靠父母的照顾，出门在外需要靠朋友的帮忙。

____

3. 小明认识了一个爱学数学的新朋友，后来小明也爱上了学数学。

____

三、根据文章内容回答下列问题。

> 答题技巧：找出关键词“财富”“交好朋友”，联系关键词前后找到答案。

4. 为什么说“他们是你人生中最宝贵的财富”？请写出**两个**理由。

a. ____

b. ____

5. 父母希望儿子多交朋友、交好朋友的原因是什么？请写出一个理由。

____

四、根据文章内容判断下面叙述的对错，在方框里打勾“√”，并以文章内容说明理由。两个部分都答对才能得1分。

> 答题技巧：注意观察文中的细节。

	对	错
6. 如果你遇到困难，就不要放弃，要积极面对它。	☐	☐

理由：____

7. 如果遇到不愉快的事，就需要宽容。 □ □

理由：______________________________

8. 青春不是用来怀念的。 □ □

理由：______________________________

五、选出最适合左边的选项，把答案写在下面方框里。

【例】(E)
【-9-】(   )
【-10-】(   )
【-11-】(   )

A. 陪伴朋友
B. 勇于尝试
C. 学会宽容
D. 怀念青春
E. 迎难而上

拓展阅读

传统的大家庭

过去，中国的家庭模式大多数是三代同堂，或者是四代同堂，有的甚至和叔叔、伯伯等一起住在四合院里。传统大家庭的分工是男主外，女主内。男人负责在外面工作挣钱养家并负责保护家庭，女人的主要工作是相夫教子，在家里照顾孩子和其他家庭成员。

这样的传统大家庭模式已经有几千年的历史了。中国人相信人丁兴旺，多子多福。因为古代中国是农耕社会（agrarian society），需要很多的劳动力，家里的人越多，收入就越多。另外，中国有一个重要的传统家庭观念就是孝顺。俗话说：不孝有三，无后为大。意思就是如果不生孩子，不能为家族传宗接代，就是最不孝顺的行为。因此，每个家庭都多生孩子，祈求子孙满堂，共享天伦之乐。

如今，中国的家庭模式发生了很大的改变，家庭规模变小，以小家庭为主，年轻人结婚后和老人分开住已经成为新的趋势（trend），但是千百年来形成的家庭观念对中国人还有着很深的影响。兄弟姐妹之间，家族成员之间，谁有了困难，大家还是会互相帮助的。

（难度指数：☆☆☆）

话题反思

根据表格中的反思提示问题，在 NEWS 表格中写下你的反思。

N (Need to Know)	1. 个人信件的文体特点是什么？ 2. 个人信件和正式信函的使用情境有哪些不同？
E (Excited)	1. 你认为爸爸妈妈给儿子的信中哪个建议对你最有帮助？ 2. 这篇文章中的哪些词语、句型、答题技巧对你最有用？
W (Worrisome)	1. 这篇文章中的哪些词语、句式、答题技巧对你来说比较难？ 2. 信中的四个建议是否对你的生活产生了影响？为什么？
S (Stance or Suggestion for Moving Forward)	1. 你与父母之间的关系怎么样？你与父母相处有哪些小技巧？ 2. 年轻人应该具备哪些品质？

话题二

社区 / 群体

话题探究

概念： 目的、情境、联系。

概念性理解： 作者根据目的和情境进行创作以加强联系。

探究问题类型	探究问题
事实性问题	1. 发布活动通告的目的是什么？ 2. 人们在什么情境下发布活动通告？ 3. 活动通告的文体特点是什么？ 4. 社区 / 群体成员之间可通过哪些形式加强联系？ 5. 传统社区和智慧社区有哪些不同？
概念性问题	1. 目的和情境如何影响文本的创作？ 2. 文本创作如何加强社区 / 群体的联系？
技能性问题	1. 在阅读中，如何通过小标题来找到关键信息？ 2. 在阅读中，如何通过分析阅读文本中的情境、受众、目的和意义快速抓住文章的主要内容？ 3. 如何通过审题技巧提高答题效率？
辩论性问题	远亲真的不如近邻吗？

探究活动：

请完成下面的调查表，做完以后可以和你的同伴交流一下。

	是	否
1. 你所在的社区是否组织过社区活动？	☐	☐
2. 你是否参加过社区组织的活动？	☐	☐
3. 你是否认识你的邻居？	☐	☐
4. 你住的社区是否有聊天群（Line, WeChat, WhatsApp）？	☐	☐
5. 你是否会用社交软件和社区里的同龄人联系？	☐	☐

6. 你喜欢和社区成员进行（线上 / 线下）联系？ ________ 你的父母更喜欢和社区里的同龄人进行（线上 / 线下）联系？ ________

文本精读

写上活动通告的对象。

“云”端午

——浓浓端午情，邻里一家亲

活动通告的标题写在中间。

尊敬的各位业主 / 住户：

大家好！6 月 3 日就是一年一度的端午节了。端午节又称端阳节、龙舟节，与春节、清明节、中秋节并称为中国四大传统节日。自古以来，端午节就有吃粽子、制香包、划龙舟等传统习俗。受新冠疫情的影响，我们今年的端午节活动将改为“云端午”，就是在线上举办庆祝端午节的活动，邀请各位业主和住户一起包粽子、制香包，共度端午佳节。

活动目的：

通过小标题找到关键信息。

- 庆祝中国传统节日
- 弘扬中华民族传统文化
- 增进邻里和谐，增强社区凝聚力

活动介绍：

社区委员会将为大家准备包粽子、制香包的材料包，包括：粽叶、糯米、红枣、鲜肉、蛋黄、剪刀、香料和彩带，每个家庭限领一份。“云端午”活动开始后，请大家把自己亲手制作的粽子和香包拍照后，通过扫码上传到我们的社区网，并进行网络投票，选出最有创意的粽子和香包。总票数排名前十的业主和住户将获得端午大礼包一份。

活动对象：书香华府社区的业主 / 住户

领取材料日期：5 月 20 日—23 日

领取材料地点：书香华府 D 栋、E 栋中间的空地

上传照片方式：扫描右边二维码①

上传照片日期：5 月 24 日—5 月 30 日

公布获奖结果：6 月 3 日下午 2 点

特别要求：因为制作香包需要使用大量的布料和棉花，为了环保，我们鼓励大家使用家中的废旧布料、棉花，变废为宝。

---

① 此二维码仅作为例文的必要成分出现，不具有其他作用。——编者注

俗话说“远亲不如近邻”，希望通过今年别具一格的“云端午”活动让业主/住户们感受到浓浓的节日氛围，加深邻里之间的感情。

最后：写上发布活动通告的机构名称和日期。

书香华府社区委员会

2022 年 5 月 18 日

词汇梳理

序号	生词	拼音	英文解释
1	业主	yèzhǔ	owner
2	一年一度	yì nián yí dù	annually
3	端午节	Duānwǔ Jié	Dragon Boat Festival
4	自古以来	zìgǔ yǐlái	from ancient times to the present
5	吃粽子	chī zòngzi	eat sticky rice dumplings
6	划龙舟	huá lóngzhōu	row a dragon boat
7	习俗	xísú	custom
8	新冠疫情	xīnguān yìqíng	Covid-19 pandemic
9	弘扬	hóngyáng	promote and develop
10	和谐	héxié	hamonious
11	凝聚力	níngjùlì	cohesive force
12	投票	tóupiào	to vote
13	二维码	èrwéimǎ	QR code
14	变废为宝	biàn fèi wéi bǎo	recycle waste material
15	别具一格	biéjù-yìgé	having a unique style
16	氛围	fēnwéi	atmosphere

俗语

序号	中文	英文解释
1	邻里一家亲。	Neighbours are like one family.
2	远亲不如近邻。	A distant relative maynot be as helpful as a near neighbour.

句式梳理

序号	中文	英文解释
1	……与……并称为……	… and … are called
2	受……的影响，……	be affected by …, …
3	为了……	in order to …

内容梳理

这是一则社区活动通告，请你根据文章内容完成下面的内容。

通过分析情境、受众、目的和意义，快速抓住文章主要内容和意义。

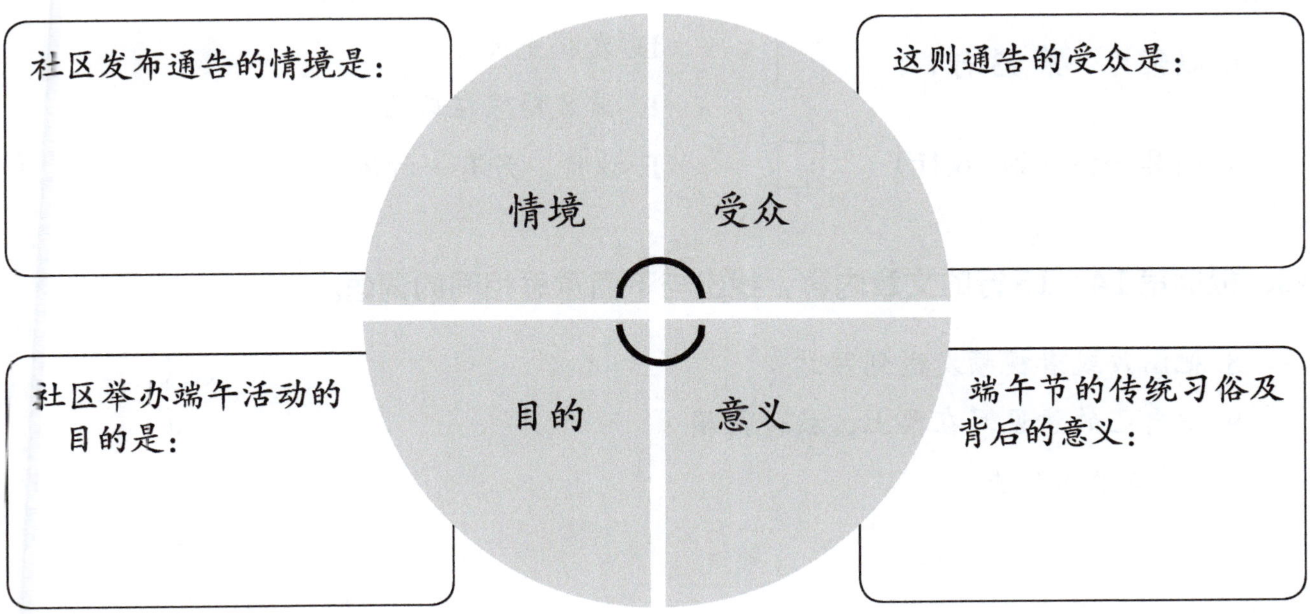

阅读练习

一、选出正确的答案，把答案写在方框里。

1. 这是一篇________。 □

A. 小册子

B. 日记

C. 文章

D. 通告

根据文本特征确定文体。

二、根据文章内容，回答下面的问题。

2. 端午节有哪些传统习俗？（写出一个传统习俗）

认真审题，只写一个传统习俗。

____

3. 和以前的端午活动相比，今年的活动出现了哪一个新变化？

认真审题，只写一个新变化。

____

三、根据上下文，从选项中选出最接近下列词语的意思。

4. 弘扬（第 11 行） □

5. 和谐（第 12 行） □

6. 凝聚力（第 13 行） □

7. 别具一格（第 26 行） □

A. 和睦协调；配合得好

B. 把群体中所有成员聚集在一起的力量

C. 大家目不转睛地看着

D. 发扬光大

E. 排名紧跟在后面

F. 独特，另有一种风格

四、根据第 14—15 行的文章内容，找出与下面意思相同的词语。

8. 把图片或者视频发送到网站 （　　　　）

9. 把自己的意见写在票上，放进票箱 （　　　　）

10. 创造性的想法 （　　　　）

五、根据文章内容判断下面叙述的对错，在方框里打"√"，并以文章内容说明理由。两个部分都答对才能得分。

	对	错
11. 参加"云端午"拍照比赛的业主/住户最晚5月28日要上传照片。	☐	☐

理由：________________________________

	对	错
12. 社区委员会不为业主/住户准备制作香包的布料和棉花。	☐	☐

理由：________________________________

拓展阅读

智慧社区

网络不仅改变了人们的生活方式，也促进了新型智慧社区的发展。和传统社区相比，智慧社区不但注重社区信息分享，而且提高了社区居民的参与度，通过线上和线下活动的结合增进邻里之间的关系。

在中国的一些大城市，邻居成为"最熟悉的陌生人"，这让生活在同一个社区的居民缺少了传统的社区氛围，智慧社区就是在这样的情况下出现的。越来越多的社区为加强邻里之间的联系创建了线上交流平台，比如：微信群、微信公众号（WeChat official account）、社区 APP 等。社区成员不仅能在上面寻求帮助，也能够随时随地分享信息，这让他们在解决问题的同时，也有了线下认识的机会。

除了增加线上的联系之外，社区还会举行各种各样的线下活动，如共度佳节、跳蚤市场（flea market）、集体旅游等。线上和线下活动的结合让邻里之间有了更强的信任感，增进了社区的凝聚力。

（难度指数：☆☆☆）

话题反思

完成了本小节的探究和行动，相信你对社区 / 群体有了更多的认识，请用“我以前觉得……，现在我认为……”完成下面几个部分的反思吧。

个人在社区 / 群体中的作用是什么？	我以前觉得…… 现在我认为……
你知道哪些和社区 / 群体相关的词汇？	我以前知道…… 现在我知道……
通告的格式和特点是什么？	我以前觉得…… 现在我认为……
你学会了哪些新的阅读技巧、答题技巧？	我以前觉得…… 现在我认为……

话题三

社会参与

话题探究

概念：情境、意义、受众、目的。

概念性理解：分析情境、意义和受众有助于理解交流目的。

探究问题类型	探究问题
事实性问题	1. 电子邮件和纸质书信的使用情境有什么不同？ 2. 个人电子邮件和专业电子邮件的受众和意义有什么不同？ 3. 电子邮件的文体有什么特点？ 4. 你知道哪些公益/慈善组织？ 5. 你认为参加公益/慈善活动的意义是什么？
概念性问题	如何通过分析情境、意义和受众推断文本的交流目的？
技能性问题	1. 在阅读中，如何通过近义词找到关键信息？ 2. 在阅读中，如何通过分析上下文意思判断句子之间的逻辑关系？
辩论性问题	人人都要做公益吗？

探究活动：

请填写以下问卷调查。

1. 你知道哪些社会公益活动？

   A. 学校组织的社区服务（如探访孤儿院）

   B. 生活体验类的活动（如山区支教、地铁志愿者）

   C. 公益类活动（如爱心义卖、慈善宣传）

   D. 动物保护活动（如领养流浪猫、流浪狗）

   E. 环境保护活动（如全民植树、垃圾分类）

   F. 其他：________________________________

2. 你参加过哪些社会公益活动？（多选）

   A. 慰问独居老人、残障人士、孤儿

   B. 打扫社区、清扫街道

   C. 义务家教

   D. 捐款、捐物

   E. 义务宣传公益理念

   F. 申请协会 / 组织志愿者

   G. 其他：________________________________

3. 参加社会公益活动时，你愿意付出________________（可多选）

   A. 时间和精力

   B. 知识

   C. 金钱和物品

   D. 其他：________________________________

4. 参加社会公益活动的时候，你负责哪些方面的工作？

   ____

5. 你参加社会公益活动的收获是什么？（多选）

   A. 结识了新的朋友，提高了社交能力

   B. 提高了组织和策划能力

   C. 了解专业知识，开阔视野

   D. 为社会公益和慈善贡献了自己的力量

   E. 帮助了有困难的人

F. 其他：______

6. 你以后还想参加哪些公益活动？

A. 环境保护公益活动

B. 教育助学公益活动

C. 扶贫救灾公益活动

D. 社区服务公益活动

E. 心理健康公益活动

F. 其他：______

7. 你希望以后从事跟公益活动相关的工作吗？为什么？

______

8. 你愿意在工作之余做志愿者吗？

A. 坚持做公益，不放弃。

B. 不好说，可能要看以后的经济情况，尽量做。

C. 不参加。

9. 参加社会公益活动对你来说重要吗？

A. 参不参加都不重要。

B. 偶尔会考虑参与，因为这是有意义的。

C. 是我业余生活的一部分，可以体现自我价值。

D. 这是生活中很重要的一部分，不可或缺。

E. 是自己一辈子都会坚持做的事情。

文本精读

寄件人：huaqingchen@gmal.com
收件人：cwcaweixin@sina.com
日期：2024 年 6 月 20 日
主题：志愿者申请书

> 文体：电子邮件。包括称呼、正文、祝福语、署名。

①尊敬的野生动物保护协会：

我叫华清晨，是圣保罗国际学校 11 年级的学生。我想申请加入野生动物保护协会，成为一名志愿者。

②八岁的时候，我的叔叔给我看了一些他去非洲旅游的照片和视频，他给我讲了许多关于野生动物的故事。从那时候开始，我就对野生动物产生了很大的兴趣。一有时间我就看关于野生动物的书籍和视频。

③在我看来，飞禽走兽、花鸟鱼虫都是大自然送给人类的礼物。遗憾的是，有一些人还没意识到生物多样性的价值，【**例**】去屠杀一些物种，【–5–】为了得到它们的皮毛、角、牙齿和肉。我知道你们正在努力保护它们，【–6–】让更多人意识到野生动物的重要性。【–7–】，我希望可以成为一名野生动物保护协会的志愿者。

④我在过去两年一直参与动物保护活动。我参加过几次关于动物栖息地保护的国际会议。去年暑假，我还参加了“拯救我们的动物”游行。我认为志愿者工作的目的就是要将保护野生动物的重要性传递给更多的人，让更多的人关注并参与到野生动物保护中来，让人与自然和谐共处。

⑤我知道志愿者服务是一项长久的活动，我可以在周末和假期参加协会举办的活动。我相信我一定能胜任志愿者的工作。首先，我有野生动物保护的知识；其次，我能流利地使用中文、英文和西班牙文，所以我可以自由地与许多人交流；然后，我擅长设计，可以帮助协会设计一些关于保护野生动物的海报，让更多的人知道保护野生动物的重要性。

最后，希望协会批准我的申请，我会努力做得更好。

附件是我的个人简历，请您查收。

此致

敬礼！

申请人：华清晨

词汇梳理

序号	生词	拼音	英文解释
1	野生动物	yěshēng dòngwù	wild animal
2	协会	xiéhuì	association
3	飞禽走兽	fēiqín-zǒushòu	birds and beasts
4	遗憾	yíhàn	to regret
5	多样性	duōyàngxìng	diversity
6	屠杀	túshā	to slaughter
7	物种	wùzhǒng	species
8	栖息地	qīxīdì	habitat
9	拯救	zhěngjiù	to save
10	游行	yóuxíng	demonstratio
11	传递	chuándì	to transfer
12	和谐共处	héxié gòngchǔ	live in harmony
13	胜任	shèngrèn	be qualified to
14	擅长	shàncháng	be good at
15	批准	pīzhǔn	to approve
16	附件	fùjiàn	attachment
17	个人简历	gèrén jiǎnlì	résumé

句式梳理

序号	中文	英文解释
1	对……产生了兴趣	become interested in
2	在我看来，……	In my opinion, …

内容梳理

“我”有哪些特长可以胜任这个志愿者工作？	
“我”参加过哪些和动物保护协会有关的工作？	
文章的目的是什么？	

这是一封____________，这篇文章的交流目的是____________，受众是__________，这种文体最大的特点是____________________。

阅读练习

一、选出正确的答案，把答案写在方框里。

1. 这是________。 □

   A. 一篇日记

   B. 一篇新闻报道

   C. 一封书信

答题技巧：抓住文章中出现的关键词“寄件人”“收件人”。

D. 一封电子邮件

2. 文章的大意是________。 □

A. 关于保护野生动物的重要性

B. 关于华清晨的自我介绍

C. 关于华清晨想去野生动物保护协会做志愿者

D. 关于华清晨想去野生动物保护协会工作

答题技巧：在第一段中找到写作目的。

二、根据第②③段，回答下面的问题。

3. “我”从什么时候开始喜欢看关于野生动物的书和视频？

____

4. 人们杀害一些物种是为了得到什么？

____

答题技巧：在第二段中找到关键词“杀害”的近义词“屠杀”后面的信息。

三、根据第③段，从下面提供的词汇中选出合适的词填空。

不但 **反而** 难过 并且

何必 因此 如果 只是

答题技巧：联系上下文猜测句子的意思，找到合适的连词。

例：反而

5.【−5−】(   )

6.【−6−】(   )

7.【−7−】(   )

答题技巧：注意第③段文中的细节。

四、根据第④段，判断下面叙述的对错，在方框里打“√”，并以文章内容说明理由。两个部分都答对才能得分。

	对	错
8. 去年暑假，“我”参加过关于动物栖息地保护的国际会议。	□	□

理由：______________________________

9. 志愿者工作的目的之一是让人与自然和谐相处。 ☐ ☐

理由：____

五、根据第⑤段选出三个正确的叙述，把答案写在方框里。

例：D

10. ☐

11. ☐

12. ☐

A. 我保护过野生动物。

B. 我只能在放假的时候参加协会的活动。

C. 我有信心做好志愿者的工作。

D. 我两年以来一直参与动物保护活动。

E. 我能说三种语言，包括中文、英文和西班牙文。

F. 我擅长交流，可以和所有人交流。

G. 我会设计海报，让更多人去了解和保护野生动物。

拓展阅读

希望工程

中国有一个慈善项目叫希望工程（Project Hope），是家喻户晓的公益事业。从国家最高领导人到普通老百姓都参与了这项慈善活动。这项慈善活动已帮助成千上万失学少年重新获得受教育的机会。

希望工程开始于 1989 年，主要目的就是在贫困地区建设希望小学，资助失学儿童重返校园，改善农村教学条件。希望工程最主要的公益项目是援建希望小学和资助贫困学生，还包括“捐建奖励基金”“捐建全国教师培训基金”“捐建希望工程图书室”等项目。

希望工程在中国已经实施 30 多年，截至 2019 年，全国希望工程累计接受捐款 161 亿元，资助家庭困难学生 617.02 万名，援建希望小学 20,359 所……它改变了一大批失学儿童的命运，改善了贫困地区的办学条件，唤起了全社会重视教育的意识，促进了基础教育的发展；它弘扬了扶贫济困、助人为乐的优良传统。

（难度指数：☆☆☆☆）

话题反思

请完成下列 Connect-Extend-Challenge 表格来反思今天的学习，包括关于本篇文章的内容、语法、句式、生词等。

Connect	Extend	Challenge
1. 你参加过哪些公益活动？参加公益活动有意义吗？	1. 这篇文章给你带来什么影响？	1. 在学习这篇文章的时候，你遇到哪些挑战？
2. 你会申请公益活动的志愿者工作吗？为什么？	2. 你认为我们应该如何保护野生动物呢？	2. 你如何解决这些挑战？

话题四

教　育

话题探究

概念：观点、结构、惯用手法。

概念性理解：作者运用结构和惯用手法来组织观点。

探究问题类型	探究问题
事实性问题	1. 论证观点的方法有哪些？ 2. 过渡段的作用是什么？ 3. 什么是在线教育？ 4. 在线教育产生的背景是什么？ 5. 在线教育与传统教育有哪些异同？
概念性问题	如何通过文本结构和惯用手法组织观点？
技能性问题	1. 在阅读中，如何通过过渡段梳理文章结构，抓住主要内容？ 2. 如何通过上下文找出指示代词指代的内容？ 3. 在写作中，如何通过设问引发读者的深度思考？ 4. 在听力中，如何根据录音和选项之间的因果关系选出正确答案？
辩论性问题	传统教育会被在线教育取代吗？

探究活动：

现在比较流行的在线教育平台（慕课）有哪些？请你上网找一找，完成下面的表格。

流行的在线教育平台	
在线教育的优点	
在线教育的缺点	
你更喜欢线上学习还是线下学习，为什么？	

文本精读

封城锁国之下的在线教育

> 从文章题目不难看出本文的关键词是在线教育。

新冠疫情期间，包括新加坡在内的许多国家都实施过一定时间的封城、锁国的政策。2021 年 5 月 19 日，新加坡教育部宣布所有中小学、初级学院以及特别学校的学生开始居家学习，并尽可能开展远程在线教学。在线教育依靠网络，即使隔了十万八千里，老师也可以和学生通过网络进行联系。

> 设问：修辞格的一种，自问自答。

为什么在线教育深受大家的欢迎？这和它灵活便利的特点分不开。

首先，对于在新加坡工作的上班族来说，在线教育为他们提供了便捷，不只节约了通勤时间，而且费用也比较低。

其次，对于新加坡的企业来说，在线教育的好处也很多。在线教育既可以有效利用员工的碎片化时间，又可以打破时空限制，让员工随时随地在线学习，提升他们的专业素质，使企业保持竞争力。

> 过渡段的作用：承上启下。

再次，新加坡的一些教师认为，在线教育的教学效果还是比较喜人的。最明显的改变是学生不怕提问，而且课堂练习能帮助学生快速检测学习的内容，要比正式课堂有效得多。另外，五花八门的在线活动平台也让学生很有新鲜感。

然而，在线教育真的就如我们想象般美好吗？现实生活中在线教育也有难以回避的问题。比如：全国同时进行在线教育的时候，可能造成网络瘫痪；来自低收入家庭的学生没有钱买电脑；实验课、体育、舞蹈等科目不适合在线学习。除此以外，在线教育缺乏互动性，老师与学生、同学与同学之间的互动不够，特别是对年纪小的孩子来说，在线教育的难度很大。

总而言之，科技发展为教育形式的改变提供了条件，疫情加速了在线教育的普及。未来几年“在线课堂”的方式可能会更加多样化，新加坡只有将在线教育和传统课堂结合起来，发挥各自的优势，共同促进学生的学习，才能推动国家教育事业的持续发展和进步。

词汇梳理

序号	生词	拼音	英文解释
1	席卷	xíjuǎn	to sweep
2	实施	shíshī	to implement; put into effect
3	政策	zhèngcè	policy
4	上班族	shàngbānzú	commuter
5	便捷	biànjié	convenient
6	通勤	tōngqín	commuting
7	碎片化	suìpiànhuà	fragmentation
8	素质	sùzhì	quality
9	竞争力	jìngzhēnglì	competitiveness
10	检测	jiǎncè	to test
11	五花八门	wǔhuā-bāmén	of a wide variety
12	回避	huíbì	to avoid
13	瘫痪	tānhuàn	to paralyse
14	缺乏	quēfá	to lack; be short of
15	发挥	fāhuī	make full use of
16	优势	yōushì	advantage

俗语梳理

序号	中文	英文解释
1	十万八千里	a long way off

句式梳理

序号	中文	英文解释
1	即使……，也……	even if…, also…
2	首先……，其次……，再次……	firstly…, secondly…, thirdly…
3	……如 / 像 / 好像……	…seem like / as if…
4	在……的时候，……	during…, …

内容梳理

阅读文章，完成下面的图表。

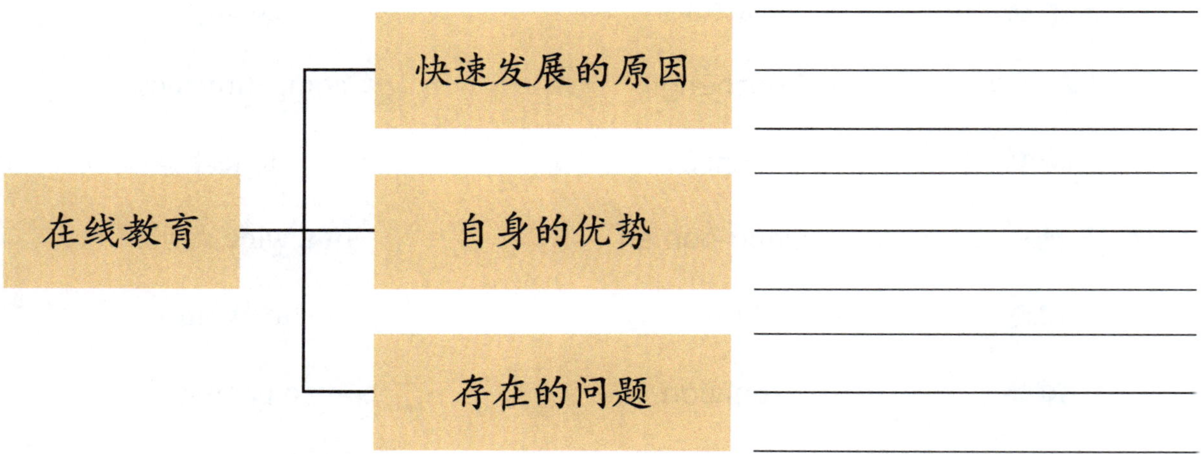

这篇文章的情境是______________________________，它的交流目的是____________________，受众是____________。

阅读练习

一、选出正确的答案，把答案写在方框里。

1. 包括新加坡在内的许多国家实施封城锁国的原因是________。 □

   A. 经济出现了问题

   B. 只想发展本国经济

   C. 全世界的疫情非常严重

D. 其他国家的人想来工作

2. 下面有关“在线教育”的表述，不正确的是________。 □

A. 在线教育的教学方式灵活、方便

B. 我们家的网络速度不好，在线教育不适合我

C. 可以把一点一滴的时间都用起来

D. 在线教育的费用比较高

认真审题，注意题目中要求选择“不正确”的选项。

二、从第5行到第10行中找出和下面意思相同的词语。

3. 每天需要按时上下班的一群人 (　　　　)

4. 定期往返于家和工作单位/学校之间 (　　　　)

5. 比较短的、不连续、零碎的 (　　　　)

三、根据文章的内容填写下面的表格。

联系上文找出指示代词指代的内容。

在句子里……	这个字/词……	指的是……
6. 这和**它**灵活便利的特点分不开（第5行）	“它”	________
7. 提升**他们**的专业素质……（第11行）	“他们”	________

四、判断下面叙述的对错，在方框里打“√”，并以文章内容说明理由。两个部分都答对才能得分。

	对	错
8. 在线教育平台有丰富的活动，学生们以前很少用到，所以很喜欢。	□	□

理由：________

9. 所有的科目在进行在线学习时都比正式课堂有效。	□	□

理由：________

五、根据上下文，从选项中选出最接近下列词语的意思。

10. 回避（第 17 行） ☐
11. 瘫痪（第 18 行） ☐
12. 缺乏（第 20 行） ☐
13. 优势（第 24 行） ☐

A. 不完全具有，缺少
B. 不可以正常工作
C. 各种各样，种类多
D. 躲避、避开
E. 文化水平的高低
F. 处于有利的形势或者环境
G. 检查、测试

拓展阅读

新加坡大力推进智慧教育发展

新加坡非常重视知识创新。“智慧国家 2025”的十年计划即将到期，新加坡有望建成全球第一个智慧国家。新加坡教育部（MOE）和相关部门大力推进智慧教育，在教学中使用最新的应用软件（application software），开发 3D 学习情境模式，培养师生的创新能力，加强对外交流与学习。除此以外，教育部还鼓励学校开展创新的教学方法，将新的科技运用到教学中去。

新加坡中小学从 2020 年起陆续采用 AI 科技自动批卷，让老师把更多的时间用在学生身上。同时，人脸识别、语音识别等技术也已引入在线课堂。上课时，人脸识别技术通过对学生面部表情的识别记录学生的课堂表现，并反馈(kuì)给学生和家长。

智慧教育作为“智慧国家”的一部分，将在线教学和传统教学的优势结合起来，形成“线上线下”的混合式教学模式，从而大大提升学生的学习效果。

（难度指数：☆☆☆）

话题反思

完成了本小节的探究和行动，相信你对教育有了更多的认识，请你根据表格中的提示问题进行反思并写下你的答案。

• **Connections** 1. 你有“在线教育”的经历吗？ 2. 你喜欢线上学习吗？ 3. 读完这篇文章，哪些字、词、句式、俗语对你有用？ 4. 你认同文章中的哪些观点？	
• **Challenges** 1. 你不同意文章中的哪些观点？为什么？ 2. 这篇文章中的哪些词语对你来说有难度？	
• **Concepts** 1. 这篇文章的主要意思是什么？ 2. 在这篇文章中，对于“在线教育”，不同的人群有哪些不同的观点？	
• **Changes** 1. 你以前对“在线教育”有哪些认识？ 2. 读完这篇文章后，你对“在线教育”的理解发生了哪些改变？	

话题五

职　场

话题探究

概念：目的、受众、情境、意义。

概念性理解：目的、受众和情境可决定交流意义。

探究问题类型	探究问题
事实性问题	1. 启事有哪些类型？ 2. 不同的启事在目的、受众和使用情境上有哪些差异？ 3. 招聘启事的文体格式有哪些特点？ 4. 我们可以通过哪些方式获得招聘信息？ 5. 中学生可以做哪些兼职？中学生为什么要做兼职？ 6. 做兼职会给中学生的生活和学习带来哪些影响？ 7. 中学生应该如何平衡兼职和学习？
概念性问题	目的、受众和情境如何影响文本的创作？
技能性问题	1. 在阅读中，如何通过列点式小标题找到关键信息？ 2. 如何通过语言的变异理解文章内容？
辩论性问题	中学生该不该做兼职？

探究活动：

关于中学生做兼职，按以下采访提纲采访你的两个做过兼职的同学。

采访问题	被采访者 1	被采访者 2
1. 你是否做过兼职？		
2. 你用什么时间做兼职？		
3. 你兼职的时候负责什么工作？		
4. 你兼职获得的收入主要用于哪些方面，购物还是存起来呢？		
5. 你为什么想要做兼职？ A. 得到经验 B. 得到经济收入 C. 丰富学生生活 D. 其他：__________		
6. 做兼职对学习和生活有哪些影响？		
7. 做兼职得到哪些收获？兼职后个人有什么改变？		
8. 你认为中学生做哪方面的兼职比较好？		
9. 上大学后是否继续做兼职？为什么？		

文本精读

思明补习中心导师招聘（全职 / 兼职）

文体：招聘启事。

红磡区思明补习中心已成立十年，专门服务中小幼学生，不仅提供中文、英文、数学、历史、科学、物理、化学等课程，还为能力较高的学生提供奥数特训课程，是专业的教育辅导机构。补习中心引入国际先进的教育理念，开设 IB、IGCSE、A-LEVER、AP 等课程，采用个性化教育。补习中心教学环境一流，有 12 间空调教室，拥有现代化的多媒体教学设备。为扩展业务，现诚招热爱教学、有耐心的数学导师加入。

导师职责：

1. 利用补习中心现有资源，以小班教学形式辅导小学或中学数学；
2. 协助学生完成每日功课，并检查功课；
3. 辅导学生温习默书，为测验、考试做准备；
4. 向家长报告学生的学习进度；
5. 负责备课、批改作业、维持课堂秩序。

要求：

1. 香港合法居住者；
2. 大学学士学位或以上资格；
3. 喜欢与小朋友 / 青少年相处；
4. 有耐心、守时、尽责，具有团队合作精神；
5. 大学学习数学或相关专业，DSE（香港高考）数学或相关专业达 3 级或以上；
6. 普通话和英语流利，会广东话者优先考虑；
7. 欢迎有经验的老师申请，也欢迎有教学热情的毕业生申请。

上班时间：

- 星期一至星期五：12:00-20:00
- 星期六、日：9:00-18:00
- 每周休息一天（周一到周五轮休）

薪金：

- 全职：HK$14000—HK$30000/ 月（包括每月奖金）

• 兼职：HK$55—HK$65/ 小时

工作福利：

• 每月优秀导师奖金
• 在职培训
• 无加班（OT）文化
• 带薪年假

有意者请发送个人简历至 HRhunghomtutorialcentre@yahoo.com.hk

地址：红磡码头围道 99 号商业大厦 9/A 9 楼思明补习中心

词汇梳理

序号	生词	拼音	英文解释
1	招聘	zhāopìn	to recruit
2	全职 / 兼职	quánzhí/jiānzhí	full time/part time
3	辅导机构	fǔdǎo jīgòu	tutor agency
4	理念	lǐniàn	philosophy
5	个性化教育	gèxìnghuà jiàoyù	personalized education
6	扩展业务	kuòzhǎn yèwù	expand business
7	学习进度	xuéxí jìndù	learning progress
8	秩序	zhìxù	order
9	合法	héfǎ	legal
10	学士学位	xuéshì xuéwèi	bachelor's degree
11	资格	zīgé	qualification
12	轮休	lúnxiū	rotate shifts
13	薪金	xīnjīn	salary
14	奖金	jiǎngjīn	bonus
15	福利	fúlì	benefits

补充词汇

序号	中文	拼音	英文解释
1	奥数	àoshù	Mathematical Olympiad
2	默书	mò shū	to dictate
3	课堂	kètáng	classroom

句式梳理

序号	中文	英文解释
1	不仅……，还……	not only…, but also…
2	为……做准备	prepare for …
3	具有……的精神	have the spirit of…

内容梳理

根据文章内容完成下列表格

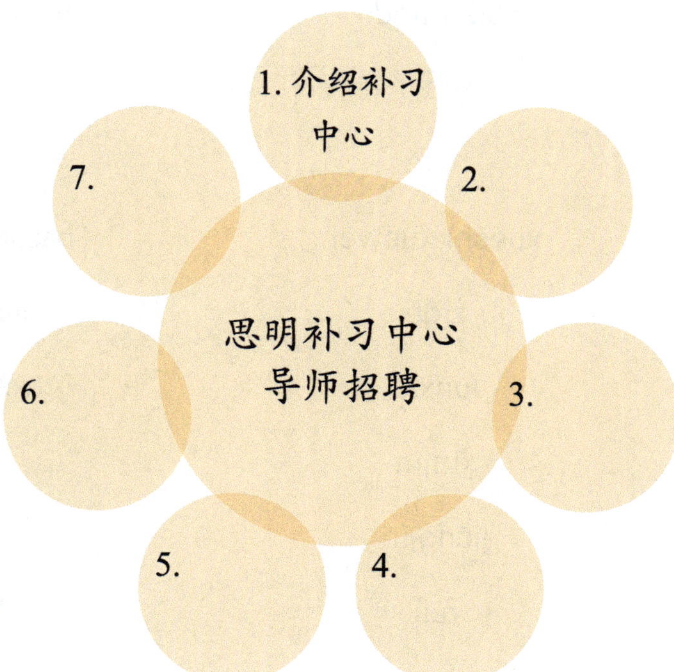

这是一篇________，这篇文章的交流目的是________，受众是________，这种文体最大的特点是________。

阅读练习

一、选出正确的答案。把答案写在方框里。

1. 这是________。 □

A. 一篇文章

B. 一篇小册子

C. 一篇招聘启事

D. 一封求职信

答题技巧：从文章标题中找出关键词“招聘”。

2. 补习中心的学生包括哪些？ □

A. 从幼儿园到高中的学生

B. 能力较高的学奥数的学生

C. 学 IB、IGCSE、A-LEVEL、AP 的学生

D. 以上都可以

答题技巧：在第一段中找出细节，找出相对应的句子。

二、根据内容，回答下面的问题。

答题技巧：在第一段中找到关键词“教学设备”。

3. 补习中心有哪些教学设备？

____

4. 补习中心招聘新老师的原因是什么？

____

答题技巧：在第一段结尾处找到跟原因有关的关键词“为……”。

三、根据内容，从 A 到 G 中选出三个正确的叙述，把答案写在方框里。

5. □

6. □

7. □

A. 补习中心辅导的形式是小班教学

B. 新老师需要为学生准备考试试卷

C. 只有香港人才可以申请

D. 补习中心喜欢有团队合作精神的老师

E. 新老师必须会说广东话

F. 新老师的大学专业必须是数学或相关专业的

G. 在香港读书的大学毕业生不可以申请

四、根据文章内容，判断下面叙述的对错，在方框里打“√”，并以文章内容说明理由。两个部分都答对才能得分。

答题技巧：通过关键词“休息”“加班”找到相关的信息。

	对	错
8. 补习中心老师每周可以休息一天。	□	□
理由：________________		
9. 补习中心老师有时候会加班。	□	□
理由：________________		

五、选出最接近左边词语的解释，把答案写在方框里。

10. 薪金 □
11. 轮休 □
12. 福利 □

A. 调整休息时间
B. 工作收入
C. 享受幸福生活的运气
D. 为奖励而发的现金
E. 员工除工资以外的好处，比如带薪假期等
F. 轮流休息

拓展阅读

华语地区常用的求职网站

中国大陆

前程无忧网：它拥有全国最大的职位信息库，能够满足不同地区不同行业求职者的求职需求。

智联招聘：该网站为求职者提供免费注册、求职指导、简历管理、职业测评等服务，职位真实可靠，反馈快速及时。

中国香港

JobsDb：它是香港目前最大最老的招聘网站，信息齐全、种类丰富、行业多、岗位多是它最大的优点。

Jijis：该平台非常适合应届毕业生和没有工作经验的人求职，所有信息都经过平台审核，可信度高，还会标明薪水。

中国台湾

104 人力银行：它是台湾最有名、最大的人力在线招聘平台。台湾各大企业、公司基本上在 104 都有信息。同时网站上还提供丰富的职位信息、多元化的求职服务功能。

1111 人力银行：它是台湾网络人力招聘银行两大龙头之一，备受大学生、社会新鲜人群喜爱。它主打最贴心的求职服务，经常举办各种特色活动。

新加坡

JobStreet：新加坡数一数二的求职网站，是很多国际品牌公司与本地公司招揽人才的首选。

Jobs central：新加坡一家很大的求职网站，可以为各公司提供寻找、面试、选择求职者等服务，高效地找到适合各公司需求的专业人才。

（难度指数：☆☆☆☆）

话题反思

根据表格中的提示问题进行反思，并写下你的答案。

• **Connections** 1. 你曾经做过哪些兼职？ 2. 中学生适合做哪种类型的兼职？ 3. 你认为做兼职对学生的生活和学习有什么影响？	
• **Challenges** 1. 学习这篇文章时你遇到哪些挑战？你如何解决这些挑战？ 2. 你认为这篇招聘启事有什么优点或者不足之处？	
• **Concepts** 如果你来做一个中学生兼职的招聘启事，你会如何设计？	
• **Changes** 除了招聘启事，还有哪些途径可以了解招聘信息？	

话题六

法律与秩序

话题探究

概念：目的、受众、情境、意义、交流。

概念性理解：目的、受众和情境可决定交流意义。

探究问题类型	探究问题
事实性问题	1. 指南的受众是谁？ 2. 人们在什么情境下阅读和创作指南？ 3. 指南的文体格式有哪些特点？ 4. 哪些人需要法律援助？ 5. 未成年人在什么情境下需要法律援助？ 6. 写法律援助服务指南的目的是什么？
概念性问题	1. 情境、目的和受众如何决定交流意义？ 2. 分析受众和情境如何帮助理解作者的写作目的？
技能性问题	1. 在听力中，如何通过听关键词如否定词、能愿动词、因果联系等选出正确选项？ 2. 在听力中，如何通过细节找到突破口？
辩论性问题	你被同学欺负了，应不应该“打回去”？

探究活动一：

关于未成年人保护法，你知道多少？请搜索《中华人民共和国未成年人保护法》，回答下面的问题并写出理由。

问题	能 / 不能	理由
1. 孩子能不能带手机到学校？		
2. 未成年人能不能自己入住酒店？		
3. 孩子七岁了，自理能力强，家长都忙，让他自己一人在家可以吗？		
4. 家长工作很累，不想带孩子，把手机和平板电脑给孩子让他们自己玩，行不行？		
5. 家长辅导孩子作业，孩子不会做，家长打孩子，行不行？		
6. 上初中的孩子和家长说，想用压岁钱和同学一起去酒吧，家长能不能答应？		
7. 我初二啦，大家都说我唱歌很好听，我想开网络直播可以吗？		
8. 终于放假了，孩子想玩游戏放松一下，家长就让他整天玩，可以吗？		

（答案可以参考拓展阅读）

探究活动二：

你的国家有没有未成年人保护法？请你制作海报或 PPT 来介绍你国家的未成年人保护法，并说说这对未成年人有什么影响。

文本精读

未成年人法律援助服务指南

文体：指南。第一行正中是标题。

同学们，你们在生活中是否遇到过复杂的法律问题不知如何解决？适当了解一些关于《未成年人保护法》的知识可以在必要的时候帮助你解决问题。以下是法律援助中心提供的一些《未成年人保护法》知识，帮助大家学会运用法律来维护自己的合法权利。

开头：说明书写目的。

1. 父母经常随便打骂我怎么办？

父母作为法定监护人，在你犯错时应该使用正确的方法教育你。如果他们打骂你、把你关起来、让你做过多的劳动等损害你身心健康的行为，就是虐待你。虐待是违法行为，你可以求助社区或者法律援助中心。监护人对你造成严重伤害时，你应该立刻报警。

2. 我还未成年，父母不管我，该怎么办？

父母有【–4–】抚养未成年子女。如果父母【–5–】抚养你，如把你长期赶出家门、不给你衣服和食物、生病了不给你治、把你扔在【–6–】的地方等，这就是遗弃。遗弃是违法行为，你可以向社区或法律援助中心求助。

3. 父母不让我上学该怎么办？

父母不让你上学是不对的。不管是小学、初中教育，还是高中教育，监护人都有责任让你接受教育。否则你可以到教育部门或当地政府求助。

指南：分点介绍。

4. 我还没有满 16 岁，父母非要我去找工作赚钱，我该怎么办？

法律禁止未满 16 周岁的人参加工作。这个年龄的孩子应该在学校读书或者接受职业技能教育。如果父母非要你出去工作，你可以告诉他们这是违法的，你也可以找社区、当地未成年人保护机构或劳动部门求助。

希望以上的法律小知识对大家有帮助。当你遇到问题时请不要害怕，找到当地法律援助中心，他们会为你免费提供法律援助。

结尾：总结和希望。

阳光法律援助中心

2024 年 7 月 8 日

署名和时间。

词汇梳理

序号	生词	拼音	英文解释
1	未成年	wèichéngnián	underage
2	法律援助	fǎlǜ yuánzhù	legal aid
3	指南	zhǐnán	guide
4	适当	shìdàng	appropriate
5	必要	bìyào	necessary
6	维护	wéihù	to maintain
7	合法权利	héfǎ quánlì	legal rights
8	法定监护人	fǎdìng jiānhùrén	legal guardian
9	损害	sǔnhài	to damage; to harm
10	虐待	nüèdài	to abuse
11	违法	wéifǎ	be illegal
12	求助	qiúzhù	seek help
13	报警	bàojǐng	call the police
14	抚养	fǔyǎng	to raise
15	遗弃	yíqì	to abandon
16	禁止	jìnzhǐ	to prohibit

句式梳理

序号	句式	英文解释
1	对……造成……	cause…to…
2	向……求助	ask for help from…
3	不管……还是……，都……	no matter… or…
4	……非要……	… must…

内容梳理

根据文章内容，写出未成年人经常遇到的法律问题，分析问题，并总结解决办法。

这篇文章的主要目的是____。

这篇文章的受众是____。

指南的作用是____。

阅读练习

一、从第5行到第9行中找出和下面意思相同的词语。

1. 非法——（　　　　）
2. 欺负——（　　　　）
3. 马上——（　　　　）

注意词性；将词放入文中理解。

二、从选项中选出合适的词语填空。

父母有【-4-】抚养未成年子女。如果父母【-5-】抚养你，如把你长期赶出家门、不给你衣服和食物、生病了不给你治、把你扔在【-6-】的地方等，这就是遗弃。遗弃是违法行为，你可以向社区或法律援助中心求助。

4.【-4-】□
5.【-5-】□
6.【-6-】□

A. 能力
B. 陌生
C. 责任
D. 弃养
E. 拒绝
F. 熟悉

注意词性；将词放入文中理解。

三、判断下面叙述的对错，在方框里打"√"，并以文章内容说明理由。两个部分都答对才能得分。

注意连接词"不管……还是……都……"。

	对	错
7. 父母仅有责任让你上完小学和初中的教育。	□	□

理由：____________________

	对	错
8. 虚岁 16 岁的人不可以参加工作。	□	□

需理解"虚岁"的意思。

理由：____________________

	对	错
9. 法律援助中心的服务是收费的。	□	□

注意文章中的细节"免费"。

理由：____________________

四、回答下面的问题。

10. 哪些行为属于虐待？（至少写出两个）

____

11. 如果你的父母不让你上学，你可以向谁求助？

____

12. 未满 16 周岁的人不可以参加工作，他们应该做什么？

____

拓展阅读

中国未成年人保护法的部分规定

1. 第十七条规定，未成年人的父母不能放任未成年人沉迷网络，接触危害或者可能影响其身心健康的图书、报刊、电影、广播电视节目、音像制品、电子出版物和网络信息等；未成年人的父母不能虐待、遗弃、非法送养未成年人或者对未成年人实施家庭暴力；未成年人的父母不能放任未成年人进入酒吧、网吧等不适宜未成年人活动的场所。

2. 第二十一条规定，未成年人的父母不能让未满八周岁或者需要特别照顾的未成年人无人看护，或者将其交给由无民事行为能力、有严重传染病的人员临时照护。

3. 第五十七条规定，酒店接待未成年人入住，或者接待未成年人和成年人共同入住时，应该询问父母的联系方式、入住人员的身份关系等有关情况。

4. 第七十条规定，学校应该合理使用网络进行教学。没有经过学校允许，未成年学生不得将手机等智能产品带入课堂，带入学校的应该统一管理。

5. 第七十一条规定，未成年人的父母应该合理安排未成年人使用网络的时间，有效预防未成年人沉迷网络。

6. 第七十六条规定，网络直播公司不能为未满十六周岁的未成年人提供账号注册服务。

（难度指数：☆☆☆☆☆）

反思活动

完成可视化思维活动“联系、拓展、挑战”，思考问题并将答案填写在表格内。

联系 Connect	1. 联系自己的经历，说说在你的学校里面存在哪些与“未成年人保护”有关的问题？ 2. 在学校里你遇到过哪些不公平的待遇？ 3. 你的学校有哪些规章制度？这些规章制度合理吗？为什么？	
拓展 Extend	1. 如果你的同学在学校里被欺负，你有哪些建议可以帮助他／她？ 2. 如果你的同学在家中受到虐待，你有哪些建议可以帮助他／她？ 3. 如果需要制作一份指南去帮助你的同学，你会如何做？	
挑战 Challenge	1. 如果你学校的规章制度不合理，你认为应该如何调整？ 2. 你被同学欺负了，应不应该“打”回去？	

IB 评估实践

写作

写作步骤

为了让学生的写作更具逻辑性，符合评估要求，教师可按照“概念性理解→讯息→语言”三个步骤训练学生的写作思路，帮助学生从概念性理解、讯息和语言三方面有效地完成写作任务。

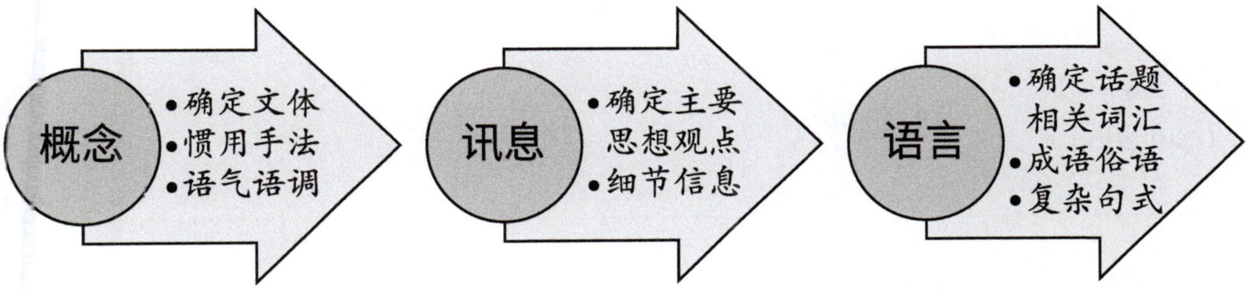

写作实战练习

写作要求：根据以下题目写一篇 300 ～ 480 字的文章。

正值毕业季，作为一名毕业生，你正在申请一份工作。请从下列文本类型中选择一个，写一篇文章介绍自己，说说你为什么要申请这份工作，并向你心仪的公司推荐自己。

■ 博客 ■ 正式信件 ■ 演讲稿

步骤一：概念性理解

阅读题目，根据GRASPS框架来分析题目中的写作目的、作者角色、文章受众、写作情境以及写作重点，并在下表中填写相关信息。

G （Goal）	写作目的：
R （Role）	作者角色：
A （Audience）	文章受众：
S （Situation）	写作情境：
P （Product）	写作文体： 写作重点：
S （Standards）	写作标准： 参考标准A、B、C以及"写作评估自我检查反思表"

步骤二：讯息

阅读题目，找出题目要求的两个写作重点，并针对每个写作重点写出关键细节。

重点一	•细节一： •细节二： •细节三：
重点二	•细节一： •细节二： •细节三：

步骤三：语言

根据步骤一和步骤二的结果，列出完成作文需要用到的话题词汇、成语、俗语、复杂句式结构。

在作文中我要用到的词汇、成语、俗语	
在作文中我要用到的复杂句式	

写作步骤指导

步骤一：概念性理解（基于“评估标准C概念性理解”进行思考）

分数	水平细则
5～6分	**充分显示出概念性理解。** 选择的文本类型适合情境、目的或受众。 语体和语气适合作业的情境、目的或受众。 应答中充分包含了所选文本类型的惯用手法。

从评估标准C中我们可以看到，概念性理解主要是考查学生能否在写作中使用恰当的文体类型及其惯用手法、语体和语气，展示他们对情境、目的、受众、意义、变异等概念的理解。因此本书通过填写检查表（check list）的方式帮助学生思考自己的写作是否体现了概念性理解。

概念性理解	细则	√
情境	正值毕业季，作为一名毕业生，你正在申请一份工作	
目的	申请工作，向心仪的公司推荐自己	
受众	心仪的公司	
文本类型	正式信件	
语体和语气	正式语气	
惯用手法	正式信件的格式（参考学生范文）	

步骤二：讯息（基于“评估标准 B 讯息”进行思考）

分数	水平细则
10～12分	有效地完成了作业。 思想观点与作业相关。 思想观点得到充分展开，提供了各种细节和相关的例子。 清晰地介绍了思想观点，应答有逻辑性和连贯性，支持讯息的传达。

从评估标准 B 中我们可以看到，讯息部分主要是考查学生是否能够针对题目要求提出自己的观点，并有逻辑地论证自己的思想观点，因此本书通过思维导图的形式帮助学生梳理主要观点和细节信息。

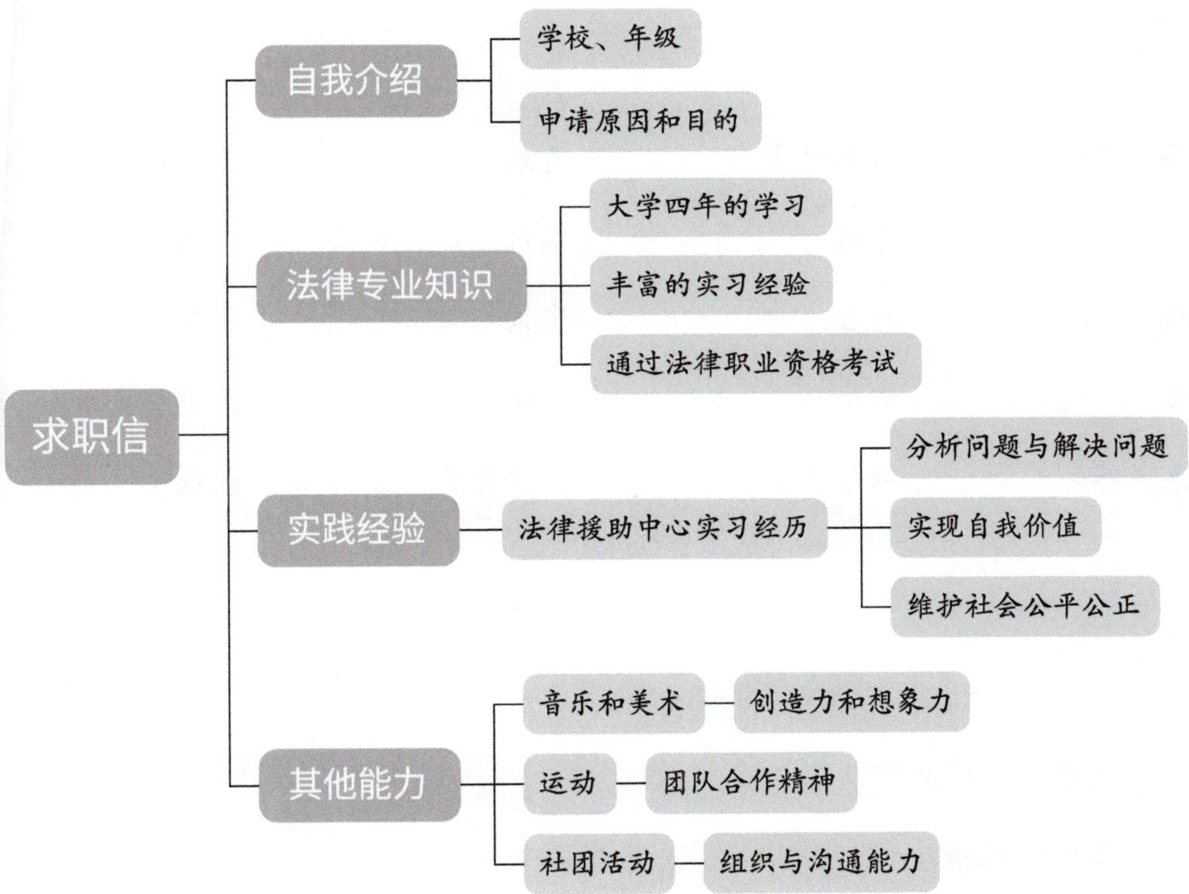

步骤三：语言（基于“评估标准 A 语言”进行思考）

分数	水平细则
10～12分	**准确且非常有效地掌握了所学语言。** 使用的词汇适合作业，并且多种多样，包括了对习惯用语的使用。 有效地使用了各种各样基本的和较为复杂的语法结构。 语言大都准确。在较复杂的语法结构中有小错误，不妨碍交流。

从评估标准 A 中我们可以看到，语言部分主要考核学生对词汇、成语、俗语、习惯用语、语法结构的使用。因此，在写作前我们应该帮助学生积累相关词汇。针对题目，我们为学生提供以下参考词汇和语法结构。

参考词汇

领导	百忙之中	贡献	贵公司
顾问	系统	锻炼	资格
实践	符合	咨询	维护
权益	倾听	公平公正	至关重要
毛遂自荐	给予关注	静候佳音	此致

参考语法结构

1	怀着……的热情
2	为……提供……
3	坚定了……的决心
4	除了……还有……
5	总的来说，……

6	被……录取
7	为……带来……

写作范文

正式信件：以称呼开头。

尊敬的领导：

开头：打招呼；表示感谢，进入正文。

您好！非常感谢您能在百忙之中阅读我的求职信。

另起一段：做自我介绍，表明目的。

我是复旦大学法律专业的一名大四学生，怀着对法律事业的热情以及为社会作贡献的理想来申请贵公司法律顾问这一职位。

正文："首先，其次，最后"使文章结构清晰。

首先，在过去的四年大学生活中，我系统地学习了法律专业知识，锻炼了自己各方面的能力。在读大学期间，我曾在律所、法院和法律援助中心实习过，毕业前还顺利通过了法律职业资格考试。我认为我的专业知识和实践经验非常符合贵公司的要求。

其次，我曾经在法律援助中心实习，为各种各样的人提供法律咨询服务，帮助他们通过法律来维护自己的权益。这段实习经历提高了我分析问题与解决问题的能力，也让我明白了热情待人、认真倾听、为人服务才能实现自我价值。此外，这个经历让我更深刻地理解了法律对维护社会的公平公正至关重要，更加坚定了我想从事法律相关工作的决心。

正文：总结申请原因，自我推荐。

最后，除了深厚的专业知识和丰富的实践经验以外，我还有广泛的兴趣爱好，比如音乐和美术让我变得更有创造力和想象力；在运动方面，我酷爱打排球，这也培养了我的团队合作精神。在学校期间我也积极参加了丰富多样的社团活动，锻炼了组织与沟通能力。

总的来说，我是一个乐观自信、勤奋求实、不断追求进步的人。在这里，我想毛遂自荐，希望能够被贵公司录取，相信我的专业知识和良好的工作态度会为贵公司带来贡献。最后再次感谢您给予我的关注，静候您的佳音！

结尾总结，再次感谢。

此致

敬礼

自荐人　王小明敬上

2024年7月9日

署名后的“敬上”表示尊敬；最后是日期。

写作评估自我检查反思表

标准／分数等级	水平细则	我做到了	我需要提高的方面
A语言 10～12分	**准确且非常有效地掌握了所学语言。** 使用的词汇适合作业，并且多种多样，包括了对习惯用语的使用。 有效地使用了各种各样基本的和较为复杂的语法结构。 语言大都准确。在较复杂的语法结构中有小错误，不妨碍交流。	使用丰富的词汇 □ 使用动词、形容词等 □ 使用成语、俗语 □ 使用关联词、复句 □ 使用复杂的句子 □ 其他＿＿＿＿＿＿＿＿ ＿＿＿＿＿＿＿＿＿＿	
B讯息 10～12分	**有效地完成了作业。** 思想观点与作业相关。思想观点得到充分展开，提供了各种细节和相关的例子。清晰地介绍了思想观点，应答有逻辑性和连贯性，支持讯息的传达。	我回应了题目要求 □ 我提供了求职信的各种细节 □ 我提供了与求职有关的例子 □ 我的文章主次分明 □ 我的文章结构清晰 □ 有清晰的开头和结尾 □ 其他＿＿＿＿＿＿＿＿ ＿＿＿＿＿＿＿＿＿＿	

标准 / 分数等级	水平细则	我做到了	我需要提高的方面
C 概念性理解 5～5分	**充分显示出概念性理解。** 选择的文本类型适合情境、目的或受众。语体和语气适合作业的情境、目的或受众。 应答中充分包含了所选文本类型的惯用手法。	我的文本符合题目情境 ☐ 我的文本符合题目目的 ☐ 我的文本符合题目受众 ☐ 我的语气符合文本特点 ☐ 我的语调符合文本特点 ☐ 我使用了文本惯用手法 ☐ 其他____________________ ________________________	

听力理解

文本 A 夸赞孩子有用吗？

一、选择正确的答案。

1. 这是一位________UP 主。 □

   A. 行为教育

   B. 家庭教育

   C. 称赞教育

2. 很多家长普遍都有的一个问题是________。 □

   A. 孩子不接受称赞

   B. 家长不知道怎么称赞

   C. 称赞孩子有没有用

> 答题技巧：细节题。注意听录音中“很多家长都会问”后面的内容。

3. 错误的称赞会让孩子________。 □

   A. 越来越骄傲

   B. 越来越不自信

   C. 越来越不努力

> 答题技巧：因果关系题。注意听录音中的“会让孩子……”。

二、选择正确的答案，在方框中打“√”。

> 答题技巧：搭配题。根据问题和选项，听清录音中的因果联系。注意同义词的替换。

	树立正确的价值观	鼓励更多的好行为	重视孩子的努力
4. 具体的赞美	□	□	□
5. 注重过程的赞美	□	□	□
6. 对价值观的赞美	□	□	□

文本 B　未成年人保护法

一、选择正确的答案。

7. 新《未成年人保护法》增加了什么内容？ □

A. 网络模式

B. 网络保护

C. 网络监管

> 答题技巧：细节题。录音开头是重要出题点。

8. 法院审理了青少年的什么案件？ □

A. 沉迷于网络游戏

B. 注册网络直播账号

C. 花光父母的钱，打赏直播

二、选出三个正确的叙述。

9. A. 未满 16 岁的青少年不能注册直播账号。 □ □ □

B. “防沉迷模式”是无效的。

C. 年满 16 周岁的青少年验证身份后可以注册直播账号。

D. 政府应该加强对网络平台的监督。

E. “未成年人模式”是为了确保青少年的上网安全。

F. 不让孩子接触网络是最好的网络保护。

> 答题技巧：多选题。注意选项中的否定副词、能愿动词、因果关系等。

三、回答下面问题。

10. “未成年人模式”需要家长设置什么才能开启？

____

11. 许多中小学现在禁止什么进入课堂？

____

文本 C　教育焦虑

一、选择正确的答案

12. 这是一档________。 □

A. 博客

B. 播客

C. 广播

> 答题技巧：细节题。选项中关键字：博/播，发音相似，注意声调的不同。

13. 做客的嘉宾是________。 □

A. 不同文化背景的国际学生

B. 美国的国际学生

C. 英国的国际学生

14. "孟母三迁"是________。 □

A. 为了让孟子生活更开心

B. 对孟子的学习成绩很关注

C. 对孟子的学习环境有很高的要求

> 答题技巧：因果关系题。注意听录音中的"为了让孟子……"。

15. 中国家长都害怕自己的孩子________。 □

A. 没有上培训班

B. 没有买到学区房

C. 输在起跑线上

> 答题技巧：搭配题。注意根据问题和选项，听清录音中的因果联系。

二、选择正确的答案，在方框中打"√"。

	虎妈式	海豚式	水母式
16. 重视学习成绩	□	□	□
17. 看重独立思考的能力	□	□	□
18. 既有一些规定，又会全力支持	□	□	□

三、回答下面问题。

> 答题技巧：因果关系题。注意听“为了”后面的内容。

19. 奥斯卡一家为什么搬到昂贵的学区？

____

20. 在瑞典，各个地方的学校师资水平怎么样？

____

21. 牧香慧子的父母会给她设立什么规定？请写出一个。

____

22. 不同文化背景下的父母，对待孩子的教育方式是怎样的？

____

> 答题技巧：总结题。录音的结尾也是出题点，答案也在这一部分。

听力文本

文本 A

夸赞孩子有用吗？

这是一位家庭教育 Up 主的视频，她在视频中回答了观众的提问。

各位家长，晚上好。又到了今天的“晚安时间”。今天来回答一个很多家长都会问的问题：称赞孩子到底有没有用？我感觉越称赞孩子，孩子就变得越自大，越粗心大意，反而犯下更多的错误。

对于这个问题，我的答案是：称赞一定是有用的，可是我们要用对方法。如果我们用错误的方法来称赞孩子，如“你很聪明”“你是最棒的”“你是独一无二的”之类的称赞会让孩子越来越骄傲。正确的称赞应该是“成长的赞美”。什么是“成长的赞美”呢？

1. 更具体的赞美。具体的表扬可以让孩子表现得更好，所以表扬越具体越好。如：哇，你画的草地是蓝色的，我第一次见到这么特别的作品！

2. 注重过程，强调努力，而不是仅仅赞美结果。如：你这次的笔记做得很棒，因为你写字的时候很用心，而且用不同的颜色标注了重点。

3. 对正确价值观的赞美。如：你每天弹一小时钢琴，已经坚持了三个月，做得非常棒。这种包含“坚持、用心、细心、不放弃”等的赞美，能帮助孩子建立起正确的价值观。

希望每个家长学会正确地赞美孩子，让孩子在赞美中变得更加优秀。感谢您的观看，晚安！

文本 B

未成年人保护法

这是一则新闻简讯，内容是关于《未成年人保护法》中的网络保护问题的。

新修订的《未成年人保护法》已于 2021 年 6 月 1 日正式实施，其中最引人注意的一点是增加了网络保护的内容，从法律的角度为未成年人提供网络保护。

手机、智能手表、平板电脑将网络与未成年人的生活紧紧联系在一起。这也直接导致了很多孩子沉迷于网络游戏、直播、视频等。这几年，青少年为打赏网络直播花光父母积蓄的新闻不少见，法院也审理了不少相关的案件。

根据新《未成年人保护法》第 76 条规定：网络直播服务提供者不得为未满 16 周岁的未成年人提供网络直播发布者账号注册服务；为年满 16 周岁的未成年人提供网络直播账号注册服务时，应验证其身份信息，并征得其父母或者其他监护人同意。也就是说：不应允许未满 16 岁的未成年人注册网络直播账号；如果他们想要注册网络直播账号，既需要验证身份信息，也需要父母或监护人同意。

对于网络问题，家长的担忧各有不同：有的家长担心孩子沉迷于网络游戏，影响身心健康；也有家长表示，完全不让孩子接触网络，孩子也会和世界脱节。各大网络平台陆续推出了“未成年人模式”“防沉迷模式”，父母或者监护人可以通过设置密码开启保护模式。为了让“未成年人模式”能起作用，政府加大了对网络平台的监督力度，以确保网站设置的“未成年人模式”和“防沉迷模式”是有效的。

新修订的《未成年人保护法》实施以后，全国中小学纷纷响应，禁止手机进入课堂，减少课后学生观看屏幕的时间，同时也希望家长及时监督。专家表示，为确保未成年人健康上网，国家、学校和家长应共同努力。

文本 C

教育焦虑

情境：这是一个播客节目，邀请三位来自不同文化背景的国际学生谈不同文化的家庭有怎样不同的教育观念。

各位听众朋友大家好，欢迎收听“教育碎碎念”。我是今天的主播陈杰老师。今天我们邀请三位国际学生讨论“教育焦虑”的话题。相信大家都听过“孟母三迁”的故事吧。孟子小的时候非常调皮，为了让孟子有好的学习环境，孟母花了很多心思，她把家从最开始的墓地附近搬到市场附近，最后搬到了学校附近，孟子终于变得有礼貌，喜欢读书了。这时候，孟母说：“这才是我儿子应该住的地方。”

虽然这个故事发生的时代已经很久远了，但中国家长对教育的焦虑直到今天依然丝毫不减。为孩子换学区房、报课外培训班，每位家长都害怕自己的孩子输在起跑线上。现场的嘉宾，你们的父母有怎样的教育观念？

奥斯卡：我的妈妈有点儿“虎妈式”教育。她很重视我的学习成绩，让我从小在各种特长培训班里补习。美国也有学区房，为了让我和弟弟能上更好的中学，我妈在我上初中的最后一年把我们家搬到了昂贵的学区。

黛安娜：瑞典的教育提倡公平。无论在城市还是在偏远的农村，都会有师资水平相当的学校。我们 12 岁以前都不会有成绩单，同学之间没有竞争。这也是我的父母对我采用“水母式”教育的原因吧。他们总是让我自己来主导自己的生活和学习，尊重我的想法。他们不关心我的学习成绩，更看重我独立思考的能力和正确的价值观。

牧香慧子：我的父母分别来自美国和日本，他们是你们两对父母的结合体，既有“虎妈”的权威，也有“水母”的自由，是一种“海豚式”的教育。他们会给我提出一些要求，比如每次考试必须排在前五名、所有的作业要按时完成等。这些要求给我带来了不少压力，但是在我需要帮助的时候，他们也会尽全力来支持我，而不是一直要求我独立。

陈杰：不同文化背景下的父母对孩子采用的教育方式各有千秋。世界上不存在一个放之四海而皆准的教育观念。了解自己的孩子，采用适合孩子特点、性格、发展阶段的教育方式，才能达到理想的效果。谢谢大家的收听！

个人口头表达活动

个人口头表达活动备考步骤

为了让学生的个人口头表达更具逻辑性，建议学生从以下四个方面对图片和相关主题及目的语文化进行阐述。

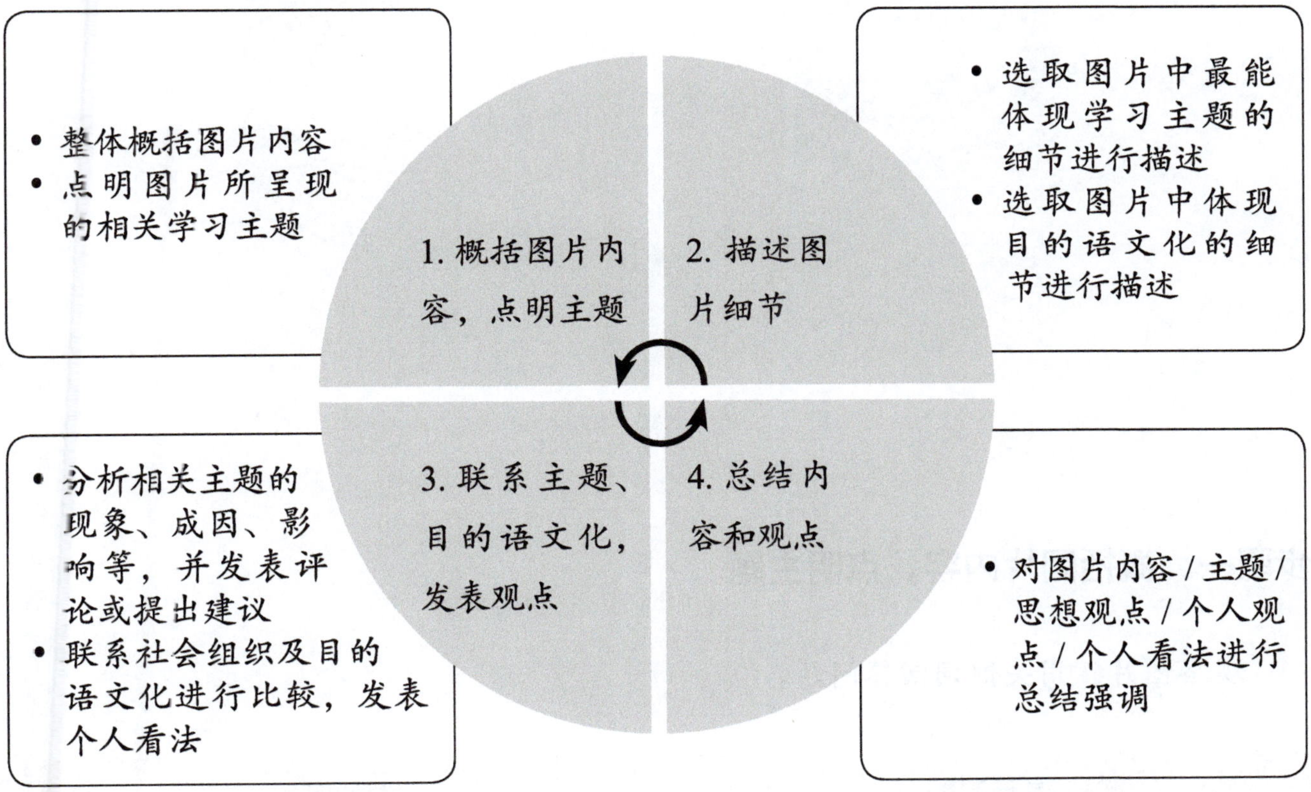

个人口头表达活动评估实战练习

口头表达

社会组织

步骤一：概括图片内容，点明主题

观察图片，用关键词回答问题。

提示问题	你的答案
图片给你的第一印象是什么？	
图片中有几个人物？他(们)可能是谁？他(们)可能在做什么？	

提示问题	你的答案
你认为这张图片的场景是在哪里？为什么？	
图片让你联系到学过的哪个主题？	
其他方面	

把你答案中的关键词按照下列句式表达出来，完成对图片内容的概括。

这张照片描述的是________________的场景。照片中有__________个人，我猜想她是________________，因为____________________________________。我猜想这张照片是在__________________拍摄的。从照片中的光线来看，我猜想这张照片应该是在__________________拍摄的。这张照片让我联想到学过的__________________主题。

步骤二：描述图片细节

观察图片，用完整的句子回答问题。

提示问题	你的答案
请描述照片中人物的服装、打扮。	
请描述照片中人物的身份。	

提示问题	你的答案
请描述照片中人物的动作、表情。	
从人物的表情上看，你认为她当时的心情怎么样？	
其他方面	

步骤三：联系主题、目的语文化发表观点

发挥联想，用完整的句子回答问题。

提示问题	你的答案
你有过上网课的经历吗？请你描述一下自己的经历。	
上网课对青少年来说有何利弊？	
其他方面	

步骤四：总结内容和观点

参考以下句式，用 2～3 句话总结步骤二和步骤三中的主要内容和观点。

总而言之，这张照片展示了＿＿＿＿＿＿＿＿＿＿＿＿＿＿＿＿＿＿＿＿＿＿＿＿。
我认为＿＿＿＿＿＿＿＿＿＿＿＿＿＿＿＿＿＿＿＿＿＿＿＿＿＿＿＿＿＿＿＿＿＿。
我希望＿＿＿＿＿＿＿＿＿＿＿＿＿＿＿＿＿＿＿＿＿＿＿＿＿＿＿＿＿＿＿＿＿＿。

完成以上四个步骤后，个人口头表达活动的第一部分就算完成了，以下是个人口头表达活动第一部分口头表达的范本。

第一部分：口头表达

这张照片描述的是学生上网课的场景。照片中有一个女孩儿，我猜想她是一名学生，她正在用平板电脑上网课。通过这张照片的背景和摆设的物品，我猜想这张照片是在家里拍摄的。从照片中的光线来看，我猜想这张照片应该是在上午拍摄的。这张照片让我联想到我在“社会组织”这个单元中学习的教育话题。

这张照片中最引人注目的是位于照片上方的四个字“上网课了”。照片中的女生穿着粉色和灰色相间的中式旗袍，旗袍上花团锦簇，非常漂亮。女生的左手放在屏幕上，右手拿着一支铅笔正在写汉字。女生的眼睛盯着前面的平板电脑，屏幕里有一个女老师，正在教学生们汉字。从女生脸上的表情看，我能感受到她正在聚精会神地听课，丝毫没有被周围的环境影响。

看到照片中那个正在上网课的女生，我不禁想起了自己上网课的经历。2020 年初，突如其来的新冠疫情打乱了所有人的工作和学习模式。上班族开始居家办公，学生们开始居家上网课。2020 年 3 月，我第一次上网课，对这种全新的学习模式充满了好奇。从个人角度来说，我觉得上网课很有趣，老师们在上网课时会安排丰富多彩的在线活动，以此调动学生们的学习积极性。

作为学校教育的一部分，不可否认网上教育有很多优点。首先，网上教育的多样性能有效地激发学生的学习兴趣，活跃课堂气氛。“兴趣是最好的老师”，只要有了兴趣，学生的学习效率就会提高。其次，网上教育不受时间、空间的限制，学生们可以随时随地通过网络学习，比如在车上、宾馆都可以拿出手机、平板电脑学习。再次，对一些性格内向、害羞的同学来说，他们更愿意在上网课的时候通过留言的方式提问，使师生之间变得更亲近。最后，为了保证学生的健康，很多学校在网课期间不留功课，课堂练习也在课上完成，缓解了学生的学习压力。

然而，任何事物都是利弊并存的。虽然网上教育的优点很多，但是它的缺点也不容忽视。第一，对于自制力较弱的学生来说，长时间用手机、平板电脑上网课会让他们对电子产品产生依赖性，注意力无法集中，沉迷于电脑游戏、社交媒体，久而久之会影响学习成绩。第二，影响健康，长时间地使用手机、平板电脑上课会影响视力，不利于学生们的身体健康。第三，师生之间缺乏互动交流，老师无法及时追踪学生的学习情况，学生也无法得到及时反馈。第四，网课过程中出现的网速慢、停电等突发状况在一定程度上也会影响学生的学习效果。

总而言之，这张上网课的照片让我联想到学生在家上网课的情景。“网上教育是一把双刃剑”，有利有弊。我希望学生们提高自我管理能力，充分发挥网上教育的利，想办法克服它的弊端。除此以外，家长们在孩子网课期间为孩子树立榜样，以身作则，帮助孩子养成良好的上网习惯，这样学习才能事半功倍。

第二部分：后续讨论

学生完成3～4分钟的口头表达之后，教师就要根据学生的表达，与学生进行4～5分钟的后续讨论。以下是考纲对后续讨论部分的要求。

学生做完口头表达之后，教师就要通过针对视觉启发材料所代表的主题提问，从而发起讨论。这些提问应当：

- 试图澄清或扩展学生在口头表达中所做的评论；
- 请学生阐释和评价视觉启发材料和教师表达的思想观点；
- 鼓励学生与自己的其它文化体验进行联系和比较；
- 给学生提供机会，让他们展示对所学语言文化的理解和欣赏；
- 鼓励学生尽最大努力进行真正的对话。

（摘自语言B指南第46页）

以下是教师与学生基于上文的口头表达进行**后续讨论**的问题、学生回答的范例及答题小提示。

1. 刚才你提到上网课比较有趣，你为什么会这么认为呢？

答：我之所以认为上网课比较有趣，有以下几个原因。第一，上网课的时候，老师们会安排各种各样的活动，这些在线活动除了能够调动学生们的积极性以外，也能够帮助学生巩固学习的知识。就拿我们班来说，同学们都很喜欢玩 Kahoot 和 Quizlet Live 的生词游戏，又好玩又刺激。第二，网上的资源非常丰富，有文字、图片、视频、音频等，对我们来说这些学习资料很有吸引力。

2. 你就读的学校允许学生带电脑、平板电脑去上课吗？你认为它们对你的学习有帮助吗？

答：我在国际学校读书。学校允许我们带电脑、平板电脑去上课。我上的是 IB 课程。IB 是一套非常完整的课程系统，对学生各种能力的要求都很高，比如思考能力、研究能力。电脑、平板电脑能够帮我快速、方便地在网络上找到学习资料，我也能随时随地把自己的一些想法记录下来。

3. 你喜欢在学校学习还是在家里上网课？为什么？

答：对我来说，我更喜欢在学校学习，主要有以下三个原因。第一，我的自我控制力不强，在家里上网课时容易和同学聊天，导致上课时注意力不集中，平时容易沉迷于网络游戏，影响成绩。第二，在家里上网课的时候非常孤单，不能和同学见面，聊天都要隔着冰冷的电脑屏幕，我的交流能力、社交能力急需加强。第三，在学校学习，除了有文化课以外，还有体育、音乐、艺术、设计等课程，这些课能够提高我其他方面的能力，让我暂时离开电脑，劳逸结合。

4. 作为家长，应该怎么帮助孩子养成良好的上网习惯？

答：我认为家庭教育对孩子来说是至关重要的，网课期间家长可以从以下几个方面帮助孩子养成良好的上网习惯。首先，和孩子一起制定时间表，合理安排上网时间和休息、运动的时间，让孩子做到劳逸结合；其次，俗话说，“身教大于言传”，家长应该以身作则，做孩子的榜样，向孩子示范利用网络做有意义的事情，将上网时间控制在合理的范围内；最后，用心陪伴孩子，让他们找到自己的兴趣爱好，不再沉迷于网络游戏。

5. 你认为在一个人的成长过程中，是家庭教育重要还是学校教育重要？为什么？

答：我认为家庭教育和学校教育对孩子来说都是至关重要的，缺一不可。家长是孩子们的第一任老师，父母的一言一行都会对孩子产生极大的影响。“身教大于言传”，父母在行为上的示范比口头上的说教更有用。学校教育在青少年的成长中有重要意义。青少年除了学习知识，还要学习与人相处，在和同学、老师的交往中提高个人的交流能力和社交能力。

小提示

1. 因为后续讨论只有4～5分钟的时间，建议老师提4～6个问题，有利于学生针对问题进行深入探讨。

2. 教师提问时，应尽量围绕学生的口头表达及图片所呈现的主题及目的语文化进行提问，所提问题应能促进学生进一步的拓展和延伸，并有利于学生展现自己的口语水平。

3. 学生在回答时，若能遵循“回应题目—陈述观点 / 理由—总结”这一模式，同时使用一些成语、复杂句式，则有助于呈现学生的口语水平。

第三部分：综合讨论

综合讨论是教师和学生围绕五个主题中除已讨论主题外的另外一个主题进行 5 ～ 6 项的综合讨论。也就是说，如果在口头表达和后续讨论环节学生已经讨论了“身份认同”这一主题，那么综合讨论就应该选“身份认同”以外的主题进行讨论，教师可根据学生的实际情况选择任何主题进行讨论。以下提供的是“共享地球”主题的综合讨论问题库。

1. 随着网课的普及，人们开始提倡无纸化学习。你觉得无纸化学习对环境有什么影响？

2. 你的学校里有哪些不环保的行为？

3. 学校应该如何培养学生的环保意识？

4. 当我们用自己的电脑、智能手机上网课时，世界上还有很多儿童每天都吃不饱。

你如何看待这个问题？

5. 在你学习中文的过程中，你还知道哪些华人传统美德？

6. 你认为生活中有哪些不平等的现象？

7. 政府应该如何保障残障人士的权益？

8. 城市环境和农村环境有何不同？

9. 有些农村家庭认为“读书无用”，不少学生辍学去城市打工，你如何看待这一现象？

10. 城市学生和农村学生在教育资源、学习条件方面存在较大差距，你认为政府应该如何解决这个问题，从而缩小城乡教育差距？

个人口头表达活动评估自我检查反思表

标准 / 分数等级	考纲评估标准	我做到了	我需要提高的方面
A语言 10～12分	**准确且非常有效地掌握了所学语言。** 使用的词汇适合作业，并且多种多样，包括了对习惯用语的使用。 有效地使用了各种各样基本的和较为复杂的语法结构。 语言大都准确。 在较复杂的语法结构中有小错误，不妨碍交流。 语音和语调很容易理解而且有助于表达意思。	使用了丰富的词汇 □ 使用了动词、形容词等 □ 使用了成语、俗语 □ 使用了关联词、复句 □ 使用了复杂的句子 □ 发音标准 □ 语调促进了交流 □ 其他＿＿＿＿＿＿＿＿	
B1讯息—视觉启发材料 5～6分	**口头表达与启发材料始终有关联，并利用了一些明显的和隐含的细节。** 口头表达提供了与启发材料相关的描述和个人的诠释。 口头表达与所学文化有清楚的联系。	我概括了图片内容 □ 我详细描述了图片细节 □ 我联系并分析了图片反映了学习主题 □ 我联系比较了与图片有关的目的语文化 □ 我对主题和目的语文化做出了评论、发表了看法 □ 其他＿＿＿＿＿＿＿＿	

标准 / 分数等级	考纲评估标准	我做到了	我需要提高的方面
B2讯息—对话 5～6分	**学生的回答始终与问题相关，并显示了一些展开。** 回答始终恰当而且得到了展开。 回答有深度和广度，包含个人的解读和/或与对话者交流的尝试。	我能很快理解问题 ☐ 我回应了问题，提出了自己的观点并解释了原因 ☐ 我分析了现象、解释了成因、提出了建议 ☐ 我联系现实生活进行了比较分析、总结、评论 ☐ 其他 ________	
C互动交流技能—沟通交流 5～6分	**一贯保持着理解和互动交流。** 学生能用所学语言回答而且表现出理解。 切实地参与了会话，并提出了一些独到的见解。	我能很快理解问题 ☐ 我回应了问题，提出了自己的观点并解释了原因 ☐ 我分析了现象、解释了成因、提出了建议 ☐ 我联系现实生活进行了比较分析、总结、评论 ☐ 其他 ________	

第五单元

共享地球

单元描述

地球是我们赖以生存的家园，我们周围的环境正面临挑战。在本单元，我们将探索地球的环境遇到了哪些挑战，每个人是否获得相同的权利，如何看待和平与冲突，人生而平等吗，全球化给我们带来了哪些机遇与挑战，传统的伦理是否还适用于现代社会。通过对这些话题的探讨，我们将更全面和深入地了解自己所处的时空，明确自己作为国际公民的权利与义务，为美好的明天而共同努力。

话题一

环　境

话题探究

概念：目的、受众、情境、意义。

概念性理解：目的、受众和情境决定意义。

探究问题类型	探究问题
事实性问题	1. 产品说明书的目的和受众是什么？ 2. 产品说明书的文体格式特点和语言特点是什么？ 3. 全球面临哪些环境问题？ 4. 造成环境问题的原因是什么？ 5. 环境问题向世界提出了哪些挑战？
概念性问题	情境和受众如何影响交流的意义？
技能性问题	1. 在说明书中，如何使用总分总的结构使读者迅速抓住文章的重点？ 2. 如何使用恰当的说明方法来介绍事物？ 3. 在说明书中如何使用分条目的方法使条理更加清晰？
辩论性问题	经济发展和环境保护有冲突吗？

探究活动：

下面的表格是关于全球环境的小调查，请你根据要求写出自己的想法，写完以后和你的同学互相分享。

你认为全球面临哪些环境问题？（选择三个）	
你最关注哪一个环境问题？	
这个环境问题产生的原因是什么？（请写出两个）	
这个环境问题产生了哪些影响？	

文本精读

捍卫新鲜空气，守护家人健康

在许多地方，人们呼吸的空气质量正在恶化，空气污染成了全世界的一块心病。口罩和空气净化器跻身热门产品的行列，成了家家户户必不可少的物品。今天就为大家介绍一款米家空气净化器Pro，下面来了解一下它的性能吧。

> 开头开门见山，最后一句引出主要内容。

【米家空气净化器 Pro 产品说明书】

1. **产品简介**：净化器设计简约。正面有开关和显示屏，为简约的外观增添了科技感；背面有电源线、感应器和滤芯（lǜxīn, filter element）复位键。

> 说明书一般会分条介绍，这样更清楚。

2. **模式**：自动、最爱、睡眠

3. **空气质量灯环**：有绿、橙、红三种颜色。根据室内空气质量的变化，三色灯环会自动变换颜色。绿色最优，橙色次之，红色最差。

> 说明方法：举例子。

4. **使用步骤**：

（1）把净化器摆放在正确位置。不能离墙壁太近，保持进风口畅通。使用净化器时，建议关闭门窗。

（2）连接电源。净化器的电源线在滤芯旁边，要轻拿轻放。

（3）下载米家应用程序。在应用程序商店里下载米家（Mi Home），将手机和净化器连接后，就可以用手机轻松控制净化器。

5. **维修保养**：

（1）及时清洁和更换滤芯。可以使用软布轻擦滤芯，滤芯更换周期为 3～6 个月。当滤芯需要更换时，提示灯会自动亮起。

> 说明方法：列数字。

（2）三包服务，即包退、包换、包修。整机保修期一年，主要部件保修期三年，过期将不会提供免费售后服务。

> 说明方法：做诠释。

为了给您和家人创造一个健康、安心、舒适的环境，购买空气净化器是很有必要的。米家的产品不仅性能优越而且科技感十足，绝对是您守护家人健康的首选。

结尾总结，呼应题目。

词汇梳理

序号	生词	拼音	英文解释
1	捍卫	hànwèi	to defend; to guard
2	恶化	èhuà	to deteriorate
3	空气净化器	kōngqì jìnghuàqì	air purifier
4	跻身	jīshēn	to ascend
5	行列	hángliè	rank
6	家家户户	jiājiā-hùhù	every family
7	必不可少	bìbùkěshǎo	be necessary
8	性能	xìngnéng	property
9	简约	jiǎnyuē	be simple
10	增添	zēngtiān	to add
11	畅通	chàngtōng	unblocked
12	下载	xiàzài	to download
13	更换	gēnghuàn	to change
14	周期	zhōuqī	period; cycle
15	三包服务	sānbāo fúwù	warranty services of repair, replacement and refund
16	过期	guòqī	past its expiration date

句式梳理

句式	英文解释
1. 根据……，……会……	according to …, …will …
2. ……最优，……次之，……最差	the best is…, the second best is…， the worst is…
3. 只要……，就……	as long as …， … will…
4. ……不仅……而且……	… not only… but also …

内容梳理

阅读文章，完成下面的图表。

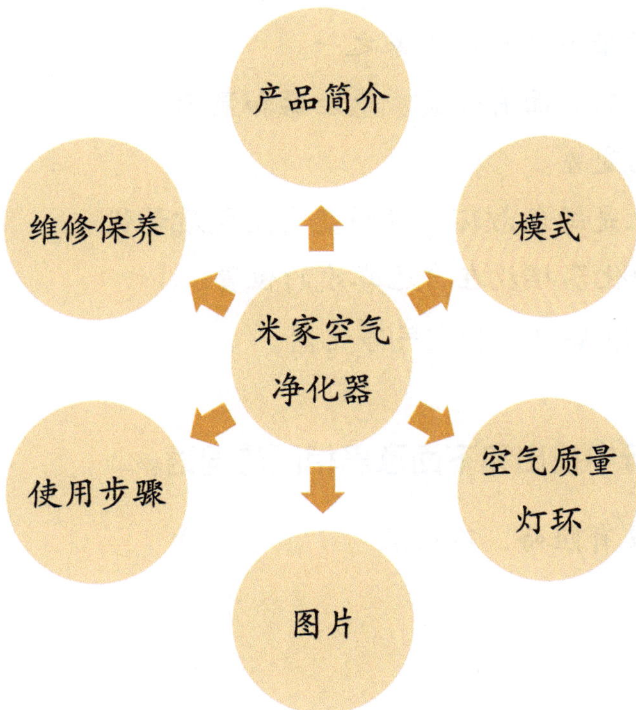

这是一份产品说明书，这篇文章的交流目的是____________________________________，受众是____________________，这种文体最大的特点是____________________________________。

抓住文本在结构、语言上的特点。

阅读练习

一、选出正确的答案，把答案写在方框里。

1. 这是一则________。 □

A. 演讲

B. 产品说明书

C. 广告单

D. 新闻

2. 空气质量灯环有________。 □

A. 一种颜色

B. 两种颜色

C. 三种颜色

D. 四种颜色

3. 根据文章内容选出**三个**正确的叙述，把答案写在方框里。 □ □ □

A. 中国是空气污染最严重的国家之一。

B. 米家空气净化器正面有开关、感应器和显示屏。

C. 空气质量开始变差。

D. 如果显示屏上是绿色灯环，说明室内空气质量优。

E. 可以把空气净化器摆放在自己喜欢的位置。

F. 每家每户都会准备口罩和空气净化器。

二、从第5行到第15行中找出和下面意思相同的词语。

4.（通道、线路）没有阻碍，不堵塞（　　　　）

5. 做事的先后顺序（　　　　）

6. 简单（　　　　）

三、判断下面叙述的对错，在方框里打"√"，并以文章内容说明理由。两个部分都答对才能得分。

	对	错
7. 米家空气净化器 Pro 不能用手机控制。	□	□

理由：________________

8. 滤芯的更换周期是3-6个月，一般需要根据自己的经验来决定更换时间。

□ □

理由：________________

9. 如果小米空气净化器用了半年就坏了，是可以享受免费保修服务的。

理由：________________

四、根据文章内容回答下面的问题。

10. 除了自动和最爱，米家空气净化器Pro还有哪一种模式？

____

11. 小米空气净化器Pro的电源线在哪里？

____

五、根据上下文，从选项中选出最接近下列词语的意思。

12. 下载（第19行）□

13. 过期（第25行）□

A. 替换，换成新的

B. 将网上的资料复制保存到个人电脑上

C. 超过规定的期限

D. 增加、添加

拓展阅读

你生活的城市开始进行垃圾分类了吗？

2019年7月1日，上海市出台了“史上最严”生活垃圾管理条例及其罚款制度，成为全国第一个实行垃圾分类的城市。

生活垃圾分成四类，分别是干垃圾、湿垃圾、可回收物和有害垃圾。在刚开始实施垃圾分类的时候，社区每天都有志愿者看管垃圾桶。上海市民扔垃圾的时候都会被志愿者询问“您要丢的是什么垃圾”，这让绝大多数原本没有分类习惯的市民感到压力山大（under lots of pressure）。

自从实行垃圾分类以来，上海每天可回收物的回收量比 2018 年增加了超过 400%，有害垃圾分出量也增加了 5 倍之多。

2020 年 5 月 1 日，北京也开始实行垃圾分类。之后中国的其他城市也纷纷加入到垃圾分类的行列中。垃圾分类人人参与，保护环境人人有责，你生活的城市开始进行垃圾分类了吗？

（难度指数：☆☆☆）

话题反思

完成了本小节的探究和行动，请你从知识、概念理解、技能、词汇句式四方面进行反思，把你的想法写在下面的便利贴上。

我学到了听说读写方面的技能：

我学到了和环境有关的内容：

我觉得比较难的词汇和句式：

我认为保护环境的意义：

话题二

人 权

话题探究

概念： 情境、目的、联系。

概念性理解： 理解情境和目的可加强联系。

探究问题类型	探究问题
事实性问题	1. 个人信件的写作目的是什么？ 2. 个人信件的文体格式有什么特点？ 3. 人有哪些基本权利？ 4. 社会中为什么存在弱势群体？
概念性问题	1. 目的和情境如何影响文本的创作？ 2. 文本创作如何加强人与人之间的联系？
技能性问题	1. 在写作中，如何通过表示顺序的连接词让文章层次分明，条理清晰？ 2. 如何在个人信件的写作中体现出交流的互动性？
辩论性问题	社会中每个人都享受到一样的人权了吗？

探究活动：

根据上面的文字云，按要求完成表格，然后和你的同学互相分享。

思考并写下答案	1. 你享有的权利有： 2. 你认为最重要的三个权利是： 3. 弱势群体的哪些基本权利会受到损害？ 4. 你所在的国家如何保障弱势群体的权利？ 5. 每个人都能平等地享有基本权利吗？为什么？
找一位同学互相分享第一部分的答案，并记录同学的答案。	1. 同学享有的权利有： 2. 同学认为最重要的三个权利是： 3. 同学认为弱势群体的哪些基本权利会受到损害？ 4. 同学所在的国家如何保障弱势群体的权利？ 5. 同学认为每个人都能平等地享有基本权利吗？为什么？

文本精读

用心关爱弱势群体

亲爱的美华：

很高兴收到你的来信，你在信中说想了解新加坡政府如何关爱弱势群体，今天我来给你介绍一下。

> 交代写信的原因。

新加坡政府对弱势群体的关爱无处不在，政府竭尽所能为他们创造安全、便利的环境，让他们能够像正常人一样生活。

一、老人“乐龄公寓”

> 小标题使文章条理更清晰。

新加坡 1998 年 3 月推出“乐龄公寓”计划，该计划专门针对 55 岁以上的老人而开设。公寓内部有很多贴心的小细节，比如楼梯和走道两边加了扶手，开关、门窗把手的位置都适当降低，房门设计得比较宽敞，等等，这些设计满足了老人们的特殊需求。

二、平等对待残障人士

第一，新加坡加强对残障人士的就业补贴。新加坡政府计划在 2025 年底以前，将针对残障人士的各项新技能培训补贴从每小时 4.50 元增加到 6 元，让大约 5500 位相关人士受益。

> 使用表示顺序的连接词让表达更清楚。

第二，在基础设施上对残障人士非常照顾。盲道、护栏、直梯几乎遍布各地，有一些巴士还自带轮椅斜坡，轮椅可以轻松地推上车，包容性健身房里有方便残障人士使用的健身器材，这些设施为他们的出行和生活带来了方便。

三、贴心的母婴设施

新加坡的商场里几乎都有家庭卫生间和母婴室。母婴室数量多，设施齐全，一般都有舒服的椅子和为婴儿换尿片的小床。

除此之外，社会上的慈善机构和企业也在不断地帮助弱势群体，为他们提供免费的服务。同时政府出台《弱势成年人法》保障弱势群体的权利，使他们免受虐待和忽视。

总而言之，生活在新加坡的弱势群体是幸福的，他们大多能走出家门跟普通人一样生活，这些都离不开政府的帮助。如果你还想

> 首尾呼应，使用互动性语言与收信人交流。

了解更多，请写信告诉我。

祝

学习进步，天天开心！

天玲

2024年7月1日

词汇梳理

序号	生词	拼音	英文解释
1	弱势群体	ruòshì qúntǐ	disadvantaged group
2	无处不在	wúchùbúzài	be everywhere
3	竭尽所能	jiéjìnsuǒnéng	exhaust one’s ability
4	公寓	gōngyù	condo; apartment
5	宽敞	kuānchǎng	be spacious
6	残障人士	cánzhàng rénshì	people with disabilties
7	补贴	bǔtiē	subsidy; allowance
8	基础设施	jīchǔ shèshī	infrastructure
9	轮椅	lúnyǐ	wheelchair
10	包容性	bāoróngxìng	be inclusive
11	出台	chūtái	to introduce (policies and regulations)
12	虐待	nüèdài	to abuse
13	忽视	hūshì	to neglect; to ignore
14	总而言之	zǒng’éryánzhī	in a word

句式梳理

序号	句式	英文解释
1	……竭尽所能为(谁)……	… exhaust one's ability for somebody to do …
2	第一……，第二……	firstly …, secondly …
3	通过……，使……	by means of …, to make …
4	……跟……一样……	… the same as …

内容梳理

阅读文章，完成下面的图表。

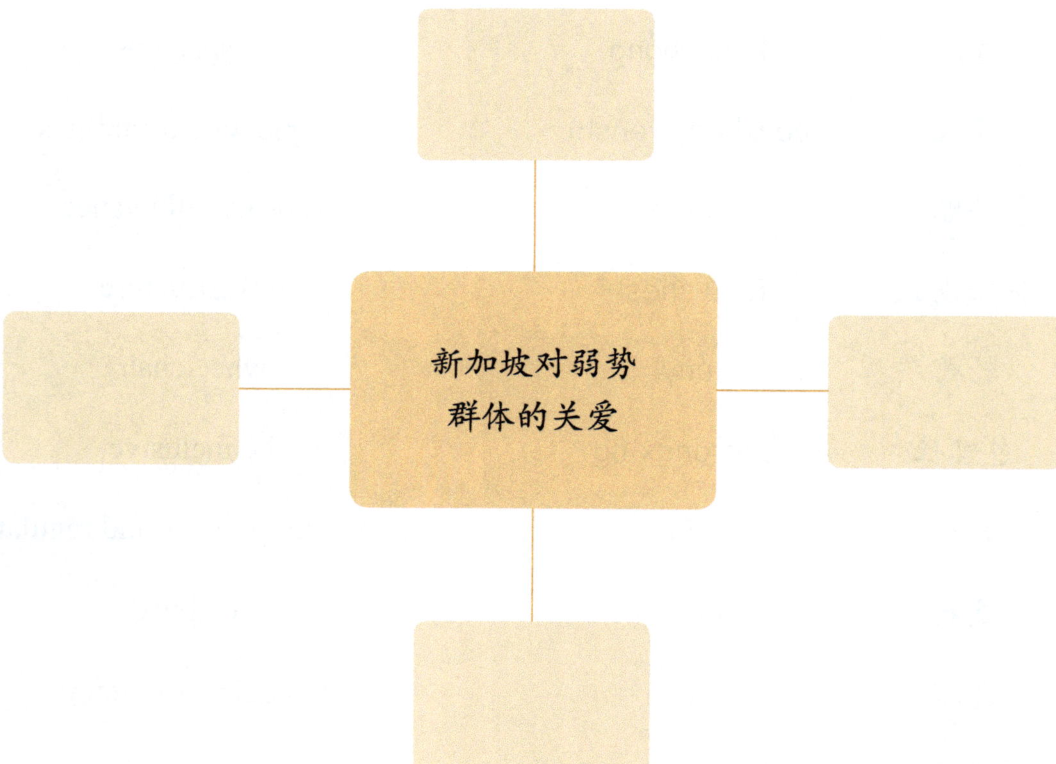

这是一份书信，这封信的交流目的是______________________________，受众是__________，这种文体最大的特点是______________________________。

阅读练习

一、选出正确的答案，把答案写在方框里。

1. 这篇文章是________。 □

A. 报纸上的新闻

B. 宣传用的广告单

C. 私人日记

D. 给朋友的信件

通过文体特点可以找到答案。

2. 天玲给美华写这封信的原因是________。 □

A. 想知道美华在新的地方过得怎么样

B. 她很久没有和美华联系了，很想念她

C. 美华想知道新加坡政府是怎么帮助弱势群体的

D. 鼓励美华要努力学习

3. 根据文章内容选出**三个**正确的叙述，把答案写在方框里。 □ □ □

A. 生活在新加坡的残障人士出行非常方便。

B. 朋友的父亲今年五十岁，他要申请“乐龄公寓”。

C. 残障人士在新加坡很难找到工作。

D. 在新加坡，弱势群体的基本权利能够得到保障。

E. 奶奶常年坐轮椅，这并不影响她出门坐车去商场。

F. 新加坡政府对残障人士的补贴是每小时 4.5 元。

注意选项中出现的数字。

二、从第5行到第15行中找出和下面意思相同的词语。

4. 宽阔、宽大（　　　　）

5. 相同、相等（　　　　）

6. 补助、福利（　　　　）

三、判断下面叙述的对错，在方框里打“√”，并以文章内容说明理由。两个部分都答对才能得分。

	对	错
7. 残障人士不能去健身房锻炼身体。	□	□

理由：______

8. 新加坡商场给带孩子出门的妈妈提供了便利。 □ □

理由：______

9. 除了政府部门，社会上也有很多好心人在帮助弱势群体。 □ □

理由：______

四、根据文章内容回答下面的问题。

10. 新加坡政府出台了哪一个法律保障弱势群体的权利？

______

11. 为什么说生活在新加坡的弱势群体是幸福的？

______

五、根据上下文，从选项中选出最接近下列词语的意思。

12. 无处不在（第 4 行） □

13. 竭尽所能（第 4 行） □

14. 总而言之（第 25 行） □

A. 总的说起来
B. 必须要有，不能缺少
C. 不管什么地方都有
D. 用尽所有的能力
E. 把没有用的东西变成有用的、有价值的
F. 种类多，各种各样

拓展阅读

中国的民族政策

中国是一个多民族国家，以汉族为主，其余的 55 个民族因人数较少都被称为“少数民族”。1949 年新中国成立以后，政府制定了一系列的民族政策来保障各民族的基本权利。

一、坚持民族平等团结

各民族具有同等的地位，依法享有相同的权利，履行（to carry out）相同的义务。各民族在社会生活和交往中平等相待、友好相处、互相尊重、互相帮助。

二、发展少数民族地区的各项事业

新中国成立以后，国家尽力帮助、扶持少数民族地区发展经济、科学、教育、文化和卫生事业。

三、使用和发展少数民族语言文字

各民族语言文字平等共存，禁止任何形式的语言文字歧视；各民族都有学习、使用和发展本民族语言文字的自由；国家鼓励各民族互相学习语言文字。国家推广普通话、推行规范汉字并不是要限制少数民族语言文字的使用和发展，而是要使少数民族在会本民族语言文字基础上再学会国家通用语言文字，以便在更广泛的交际场合使用。在民族区域自治地方和少数民族聚居地方，国家通用语言文字和当地通用的少数民族语言文字可以同时使用。少数民族语言文字的使用根据《中华人民共和国宪法》、民族区域自治法及其他法律的有关规定。

四、尊重少数民族的风俗习惯和宗教信仰

尊重和保护少数民族的风俗习惯和宗教信仰自由。比如云南摩梭人的走婚、藏传佛教等。

（难度指数：☆☆☆☆）

话题反思

完成了本小节的探究和行动，相信你对人权有了更多的理解。请你完成下面的“3—2—1 反思活动”。

对于这个话题，我学到的**三**件事（可以从知识、技能、概念三方面反思）：

学习这个话题，我觉得有趣的**两**个地方：

对于这个话题，我有**一**个疑问：

话题三

和平与冲突

话题探究

概念： 意义、目的、观点。

概念性理解： 理解文本的意义和目的可形成新的观点。

探究问题类型	探究问题
事实性问题	1. 新闻报道的情境和目的是什么？ 2. 新闻报道的文体格式有什么特点？ 3. 什么是冲突？ 4. 国家/社会发生冲突的原因有哪些？ 5. 冲突会给人们的生活带来哪些影响？ 6. 我们如何解决冲突，维护和平？
概念性问题	如何通过分析文本的意义和目的发展新的观点？
技能性问题	1. 在阅读中如何通过小标题找到关键信息？ 2. 在阅读中，如何通过限定词和程度副词理解文章的意思？ 3. 在听力中，如何通过关键词“可是，但是，不过”等选出正确选项？
辩论性问题	冲突是实现和平的必经之路吗？

探究活动：

模拟联合国：全班分组。不同的组代表不同的国家，围绕当前世界上存在的冲突事件进行讨论，提出解决冲突、维护和平的提案。

第一步：搜集资料。搜集现代社会中，国家或地区之间有哪些冲突？（包括资源、领土、经济、文化、宗教等）这些冲突产生的原因是什么？请举例。你对这些冲突的看法是什么？

冲突事件 (时间、地点、国家 / 地区)	冲突的原因	你的看法

第二步：讨论。选择一个冲突，并针对这个冲突写出解决问题的提案。

第三步：辩论。各小组轮流介绍提案，其他小组参与辩论。

第四步：投票。决定是否通过各项提案。

文本精读

央视网首页 新闻 视频 经济 体育 军事 更多 CCTV.节目官网 直播 栏目 频道大全 登录 | 帮助 | 应用

CCTV.com 央视网 新闻 国内 | 国际 | 图片 | 生活 | 军事 | 人物 | 科技 | 文娱 | 经济 | 评论

> 文体：新闻报道。包括标题、导语、主题、结语。

带你走近无国界医生

> 正文正中写标题，概括文章主要内容。

来源：公益时报　2017年06月30日　11:53

> 第一段是导语，概括新闻的主要内容。

央视新闻网 6月30日电 有那么一群人，他们常常穿着白色T恤，乘坐白色救援车，在战火激烈、疫情遍布的地区救死扶伤。他们被叫作MSF①，也就是“无国界医生”。

无国界医生是怎样的一群人？让我们跟随陈医生一起来了解一下他们背后的故事。

> 主体部分从不同方面介绍无国界医生。

陈医生名叫陈华，今年37岁。从读大学开始，每到周末或假期，他都会参加无国界医生香港志愿者活动。他很认同无国界医生的理念，毕业后就加入了无国界医生组织。

目前他所在的地区交通不发达，物资缺乏。那里的病房也非常简陋，只有病床和一些基本的工具。由于缺医少药、设备落后，所以对很多骨折、意外受伤的病人只能简单包扎和处理。

当地的治安也不太稳定，时常会发生枪击和爆炸，这让医院也处于危险之中。尽管如此，无论是什么身份的病人，只要送来，他们都会尽力救治。在医生的眼里，只有病人，没有国界、对错之分。当地曾经发生过一次爆炸，导致多人受伤，最后不同性别、种族、宗教的病人都在医院得到了公平的救治。

> 总结。

无国界医生的宗旨是：无论你是哪国人、社会地位如何、宗教信仰是什么，在我们面前，你的身份就只是病人，我们一定会尽全

---

① MSF：法语：Médecins Sans Frontières，英语：Doctors Without Borders

力医治。陈医生说，参加无国界医生让他看到了世界的另一种模样，并且更加珍惜现在的和平生活。

词汇梳理

序号	生词	拼音	英文解释
1	救援车	jiùyuánchē	rescue vehicle
2	战火激烈	zhànhuǒ jīliè	fierce war
3	疫情遍布	yìqíng biànbù	epidemic spread
4	国界	guójiè	national boundaries
5	物资	wùzī	supplies
6	缺乏	quēfá	lack of
7	简陋	jiǎnlòu	simple and crude
8	骨折	gǔzhé	fracture
8	包扎	bāozā	to wrap
9	治安	zhì’ān	public security
10	枪击	qiāngjī	to shoot
11	爆炸	bàozhà	to explode
12	种族	zhǒngzú	race
13	宗教	zōngjiào	religion
14	宗旨	zōngzhǐ	aim
15	信仰	xìnyǎng	belief

句式梳理

序式	句式	英文解释
1	究竟……	on earth
2	每……都……	every...

内容梳理

走近无国界医生

- 无国界医生的特点：
- 无国界医生的工作/生活环境：
- 无国界医生的宗旨：

这是一篇________________，这篇文章的交流目的是________________，受众是________________，这种文体最大的特点是________________________。

阅读练习

一、选出正确的答案，把答案写在方框里。

1. 这是________。 □

   A. 一篇故事

   B. 一篇新闻报道

答题技巧：在文章题目中找出文体的关键词。

C. 一篇专栏文章

D. 一篇博客

二、根据文章内容回答下面的问题。

答题技巧：注意观察文中的细节。

2. 陈医生大学时一般什么时候参加无国界医生志愿者活动？

____

3. 陈医生为什么参加无国界医生组织？

____

三、根据文章内容判断下面叙述的对错，在方框里打勾"√"，并以文章内容说明理由。两部分都答对才能得分。

	对	错
4. 陈医生所在的地区是一个落后的地方，缺少很多物资。	□	□
理由：______________________________		
5. 很多骨折、意外受伤的病人也能得到完全的治疗。	□	□
理由：______________________________		

答题技巧：注意观察"完全"等绝对的词。

四、从第12行到第17行中找出和下面意思相同的词语。

6. 社会的安宁（　　　　）

7. 医治、治疗（　　　　）

8. 目的（　　　　）

五、根据文章内容选出三个正确的叙述，把答案写在方框里。

例：D

9. □

10. □

A. 穷人和富人都可以去无国界医生的医院看病。

B. 只要送来无国界医院，都能得到最好的医治。

C. 信仰什么宗教在无国界医院很重要。

D. 意外受伤了，无国界医生也会给你治疗。

E. 犯人不可以得到无国界医生的治疗。

11. ☐

F. 无国界医生的眼里只有病人。

G. 陈医生更加热爱现在的和平生活。

拓展阅读

无国界医生

无国界医生（Doctors Without Borders）是一个非赢利团体，于 1971 年 12 月 20 日在巴黎成立，最初的成员皆为深信世界人类都有获得医疗权利的法国医生和记者。现在成员已遍及全世界，每年有 3000 多位救援人员和全球 3 万多名来自项目所在地的当地员工在超过 70 个国家中服务，是全球最大的独立医疗救援组织之一，在全球各地设有 21 个办事处，而 5 个主要的行动中心都位于欧洲，分别是巴黎、布鲁塞尔、阿姆斯特丹、巴塞罗那和日内瓦。

（难度指数：☆☆☆）

话题反思

通过今天的学习，相信大家对和平与冲突有了一定的了解，请填写下列表格来完成今天的反思活动。

• Connect	• Extend	• Challenge
战争对人们的生活有哪些影响？	读完这篇文章，你有什么感受？你对无国界医生有什么看法？	在学习这篇文章的时候，你遇到哪些挑战？你如何解决这些挑战？
和平对你来说重要吗？为什么？	你认为怎么样才能呼吁更多人解决冲突，维护和平？	
如果有可能，你会参与国际救援组织吗？为什么？		

话题四

平　等

话题探究

概念：目的、受众、观点、论证。

概念性理解：作者根据目的和受众构建观点和组织论证。

探究问题类型	探究问题
事实性问题	1. 演讲稿的目的和受众是什么？ 2. 演讲稿的格式是什么？ 3. 演讲稿中有哪些常见的论证方法？ 4. 社会中存在哪些不平等的现象？ 5. 为什么会存在不平等的现象？我们可以如何解决？
概念性问题	1. 目的和受众如何影响观点的构建？ 2. 如何基于观点组织论证？
技能性问题	1. 如何增强演讲稿的表达效果和气势？ 2. 如何通过提问的方式加强与受众的互动，引发思考？
辩论性问题	生而平等真的存在吗？

探究活动：

人们在社会生活中处于同等的地位，享有同等的权利，然而生活中仍然存在一些不平等的现象。请你用照片记录下生活中存在的“不平等”现象，完成下面 See-Think-Wonder 活动。

See 我看到	Think 我认为	Wonder 我想知道
1. 照片中的背景在哪里？ 2. 照片中有什么（人、物等）？ 3. 照片中体现了哪一种不平等的现象？为什么？	1. 照片中的这种不平等现象存在的原因是什么？ 2. 它的存在会带来哪些危害？	1. 政府为解决这种不平等现象付出了哪些努力？ 2. 普通民众可以做什么？ 3. 生活中还有哪些不平等的现象存在？ 4. 其他 ________

文本精读

实现性别平等

尊敬的各位来宾：

我很荣幸成为江川市的女性亲善大使。今天，市里启动了一个保护妇女权益的活动，希望所有人都可以参与其中，终止性别不平等。

自从我被任命为江川市的女性亲善大使以来，我发现很多人对女性主义有误解。“保护妇女权益”在大家眼中变成“憎恨男人”的同义词。究竟什么是女性主义？女性主义不是把男性当作敌人，而是指女性应该拥有和男性同等的权利和机会。

我来自一个普通家庭，我相信女性在职场上值得拥有跟男性同样的薪水，我相信女性应该有参与政治事务及决策的权利，我相信女性应该得到和男性同等的尊重。但是，时至今日，世界上仍有很多女性没有享有上述这些权利。

我是幸运的，在我家，妈妈和爸爸一样要出去工作，她凭着自己的能力成为了部门领导。我的父母没有因为我是女孩而少爱我一点，学习方面他们总是无条件地支持我，生活方面无微不至地照顾我。我的学校没有因为我是女孩而限制我的发展，我和男孩们有一样的机会。我的老师也没有因为我是女孩而低估我的学术成就。如果没有他们，我不会取得现在的成绩，他们都是默默无闻的性别平等大使，让我能够成为今日的自己。我们的社会需要更多这样的“他们”。因为我知道这个世界上还有许多女性因为性别遭遇困难和歧视，让她们的路走得更加艰辛。

温柔、顾家、整洁这些美好的品质不是女性专属，独立、勇敢、坚强、打拼事业也不只有男性才能做到。让更多的女性可以和男性同样享有平等的权利就是今天保护妇女权益活动的宗旨。我想邀请你站出来加入我们，为实现性别平等出一份力。如果你还在犹豫，可以问问自己：“如果今天我因为性别遭遇歧视，我会怎么做？如果现在不加入，准备要等到什么时候？”

非常感谢大家，期待大家的加入！

结尾总结，呼应开头。

词汇梳理

序号	生词	拼音	英文解释
1	性别	xìngbié	gender
2	大使	dàshǐ	ambassador
3	启动	qǐdòng	to launch
4	任命	rènmìng	to appoint
5	女性主义	nǚxìng zhǔyì	feminism
6	误解	wùjiě	to misunderstand
7	权益	quányì	rights and interests
8	憎恨	zēnghèn	to hate
9	职场	zhíchǎng	job market; workplace
10	薪水	xīnshuǐ	salary
11	决策	juécè	make a decision
12	时至今日	shízhìjīnrì	even to this day
13	低估	dīgū	to underestimate
14	默默无闻	mòmò-wúwén	be unknown to public
15	遭遇	zāoyù	to suffer
16	歧视	qíshì	to discriminate
17	艰辛	jiānxīn	hardship
18	宗旨	zōngzhǐ	aim; purpose

句式梳理

句式	英文解释
1. 自从……以来，……	since …, …

句式	英文解释
2. …… 不是……，而是……	… not …, but …
3. 如果……，就……	if …, … will …

内容梳理

阅读文章，完成下面的演讲结构图。

开头

- 开门见山，揭示主题（Come straight to the point）

主体

- 抽丝剥茧，层层深入（Peel the fruit）
- 1.
- 2.
- 3.

结尾

- 提出希望，发出号召（Call for participation）

这是一篇演讲稿，这篇演讲稿的交流目的是____________________，受众是________________，这种文体最大的特点是________________________。

阅读练习

一、选出正确的答案，把答案写在方框里。

1. 这是________。 □

A. 一篇演讲

通过文体格式特点排除日记、新闻和博客。

B. 一则日记

C. 一篇新闻

D. 一篇博客

2. 今天我们启动了________。 □

A. 关灯一小时的运动

B. 保护男女机会平等的活动

C. 保护弱势群体的项目

D. 保护妇女权益的活动

"启动"这个关键词后面的内容就是答案。

3. 根据文章内容选出**三个**正确的叙述，把答案写在方框里。 □ □ □

A. 演讲者希望终止性别不平等。

B. 女性主义者一般容易歧视男性。

C. 为女性争取权益不等于把男性当作敌人。

D. 有的女性无法在职场上获得和男性同等的薪水。

E. "我"就因为是女孩遭遇了很多困难和歧视。

二、从第4行到第16行中找出和下面意思相同的词语。

4. 错误地理解（　　　　）

5. 策略、方法（　　　　）

6. 过低地估计（　　　　）

三、判断下面叙述的对错。在方框里打"√"，并以文章内容说明理由。两个部分都答对才得分。

	对	错
7. 世界上还有许多女性没有我这么幸运。	□	□
理由：________		
8. 男性就该打拼事业，女性就该温柔顾家。	□	□
理由：________		

四、根据文章内容，回答下面的问题。

9. 什么是女性主义？

____

10. 保护妇女权益活动的宗旨是什么？

____

五、根据上下文，从选项中选出最接近下列词语的意思。

11. 时至今日（第 9 行）　☐

12. 默默无闻（第 15 行）　☐

13. 歧视（第 17 行）　☐

A. 主要的思想、意图和目的
B. 没有名气，没有人知道
C. 工作的场合或者场所
D. 时间到了今天
E. 没有被同等对待，看不起
F. 艰难辛苦

拓展阅读

语言中的性别不平等现象

甲骨文

甲骨文中“女”的写法像一女子双手交叉，弯曲膝盖跪在地上（上图）。而“男”的写法分上下两部分，上面是“田”，下面是“力”。古代“田”是家庭的经济来源，“力”说明男性是主要劳动力。由此可见男女在家庭分工上的差异。

语言是文化的一部分，中国传统文化中“男尊女卑[1]”的思想在语言中也有所体现，比如，在词语顺序上存在不同。当男女同时出现时，男性一般排在女性的前面，比如生儿育女、男耕女织[2]等，这和国外的“女士们、先生们”不太一样。

（难度指数：☆☆☆）

① 男尊女卑：Men are superior to women.

② 男耕女织：men plough and women weave (an agricultural society’s ideal of peace and order)

话题反思

完成了本话题的探究和行动，请你从知识、概念理解、技能、词汇句式四方面进行反思，把你的想法写在下面的便利贴上。

反思

我学到的知识有：

我对概念性问题的理解是：

我学到的技能有：

我学到的词汇和句式有：

话题五

全球化

话题探究

概念： 论证、意义、观点。

概念性理解： 理解论证和意义可形成新的观点。

探究问题类型	探究问题
事实性问题	1. 演讲稿的目的和受众是什么？ 2. 演讲稿的格式是什么？ 3. 演讲稿中有哪些常见的论证方法？ 4. 全球化给你的生活带来了哪些影响？ 5. 青少年如何应对全球化？
概念性问题	如何通过分析文本的意义和论证发展新的观点？
技能性问题	1. 如何通过举例子、列数字来论证观点？ 2. 在阅读中，如何通过关键词找到重点信息？ 3. 如何通过上下文猜测成语的意思？ 4. 在听力中，如何通过听关键词如否定副词、程度副词、范围副词等选出正确选项？
辩论性问题	全球化加剧了竞争还是促进了合作？

探究活动：发现身边的全球化

1. 你的生活中有哪些全球化的现象？请你把这些现象用照片记录下来，向同学展示并说明全球化对你的生活产生哪些影响。

2. 分组讨论，全球化给我们的生活带来哪些改变？请把讨论结果写在下面的表格。

全球化问题	讨论结果
全球化对人们的生活有哪些影响？青少年该如何应对全球化？	
全球化对本土文化有哪些影响？	
小组是支持还是反对全球化？为什么？	

文本精读

保护环境需要全球合作

——模拟联合国中国代表发言稿

正文正中写标题，概括文章主要内容。

尊敬的主席、尊敬的各国代表：

开头一般是打招呼。

上午好！

下面我谨代表中国政府陈述我国对全球环境保护的建议。

1972 年 6 月 5 日，联合国在瑞典召开人类环境会议，会议通过了《人类环境宣言》，并提出将每年的 6 月 5 日定为“世界环境日”。然而，在过去的数十年间，极端天气危机正在加剧：一方面，热浪与高温不断导致森林火灾，破坏地球脆弱的生态系统；另一方面，飓风、暴雨、暴雪等天气给人们的生活与工作带来许多不便。今天正值 2022 年世界环境日，我代表中国政府再次重申：人类只有一个地球，保护生态环境、推动可持续发展是各国的共同责任。

文体：演讲稿。

首先，积极实现碳中和，走绿色低碳经济。发达国家和发展中国家应从政府层面出发，制定相关的政策与有效措施，促进经济发展的同时也要保证实现碳中和的目标；各国应坚持走绿色低碳发展道路，加快推进清洁能源转型，支持节能环保产业如新能源汽车、节能绿色产品、清洁能源等产业发展。

其次，建立尊重自然的生态系统。各国政府应在减少土地退化、减少破坏森林、减少海洋塑料垃圾、保护野生动植物的多样性等方面发挥积极的作用，打造更加牢固的全球生态系统。

最后，成立全球环境保护基金会与监督机构，这不仅可以帮助有困难的国家推进环境保护措施，还能监督各个国家履行义务，共同应对全球环境问题。

无论是发达国家还是发展中国家，我们应该坚持一起合作，携手应对日益增多的全球性问题，共同呵护人类赖以生存的地球家园。

谢谢大家！

词汇梳理

序号	生词	拼音	英文解释
1	模拟	mónǐ	to simulate
2	危机	wēijī	crisis
3	加剧	jiājù	to escalate
4	生态系统	shēngtài xìtǒng	ecosystem
5	重申	chóngshēn	to reiterate
6	可持续发展	kěchíxù fāzhǎn	sustainable development
7	碳中和	tànzhōnghé	carbon neutral
8	政策	zhèngcè	policy
9	措施	cuòshī	measure
10	清洁能源	qīngjié néngyuán	clean energy
11	节能	jiénéng	energy saving
12	退化	tuìhuà	to degenerate
13	基金会	jījīnhuì	foundation
14	监督机构	jiāndū jīgòu	supervisory agency
15	履行	lǚxíng	to fulfill
16	赖以生存	làiyǐ shēngcún	rely on for survival

句式梳理

序号	句式	英文解释
1	一方面，……另一方面……	on one hand ..., on the other hand ...

序号	句式	英文解释
2	不仅……还能……	not only … but also …
3	无论……还是……	whether …, or …

内容梳理

演讲稿

演讲人：

演讲时间：

观点：

首先：

其次：

最后：

结论：

这是一篇__________，这篇文章的交流目的是____________________，受众是____________，这种文体最大的特点是____________________。

阅读练习

一、选出正确的答案，把答案写在方框里。

1. 这是________。 □

   A. 一篇故事

   B. 一篇新闻报道

   C. 一封信

   D. 一篇演讲稿

> 答题技巧：在标题中找出文体的关键词。

2. 文章的听众可能是________。 □

A. 发达国家的人

B. 发展中国家的人

C. 全世界的人

D. 全世界的医务人员

二、根据文章内容回答下面的问题。

答题技巧：联系上下文找到正确答案。

3. 什么的加剧会破坏生态系统，也会给人们带来不便？

____

4. 中方代表认为全球各国的共同责任是什么？

答题技巧：观察关键词“共同责任”找到正确答案。

____

三、根据文章内容，判断下面叙述的对错，在方框里打“√”，并以文章内容说明理由。两个部分都答对才能得分。

	对	错
5. 发达国家应该制定相关政策和措施，发展中国家可以先促进经济的发展。	□	□

答题技巧：注意观察文中的细节。

理由：____

	对	错
6. 全球所有国家都应该坚持走绿色低碳发展路线。	□	□

理由：____

四、根据文章选出三个正确的叙述，把答案写在方框里。

7. □

8. □

9. □

A. 实现碳中和比发展经济更重要。

B. 节能环保产业包括新能源汽车、节能绿色产品和清洁能源。

C. 应该尊重自然和人类。

D. 应该保护生物多样性。

E. 有困难的国家不需要推进环境保护措施。

F. 全球环境保护基金会可以监督发展中国家

G. 所有国家应该一起共同保护我们的地球。

五、选出最接近左边词语的解释，把答案写在方框里。

答题技巧：根据上下文猜测词语的意思。

10. 加剧	□	A. 为了共同的目的而共同努力
（第 6 行）	□	B. 依赖着一个物品、东西生存
11. 生态系统	□	C. 打仗没有不胜利的，形容作战能力强大
（第 7 行）	□	D. 指在特定环境内，相互作用的所有生物和这个环境的统称
12. 赖以生存	□	E. 生物的某部分器官变小。或者事物衰退，由好变坏
（第 23 行）	□	F. 变得比原来更严重

拓展阅读

“山川异域，风月同天”

2020 年新冠病毒爆发初期，来自世界各地的援助物资源源不断地送往武汉。在这期间，有句诗特别火：“山川异域，风月同天”。这是日本援助中国抗疫物资上贴着的一句诗，让无数中国人感动。

“山川异域，风月同天”出自唐代僧人（Monk）鉴真大师（Master Jianzhen）到日本交流佛法的故事。他不但弘扬佛法，还把唐代文明介绍到了日本，为中日两国的交流作出了贡献。这句诗的意思是虽然我们在不同的国家，但是我们同在一片天空下，看到的是同一个月亮。

这句诗不但展示出中日两国友好交往的悠久历史，也体现了在全球化的今天，国家之间互相帮助的国际情怀。

（难度指数：☆☆☆☆☆）

话题反思

完成下列 3-2-1 表格来反思本话题的学习内容，包括关于本话题的文章内容、语法、句式、生词等。

我学到了三个有用的技能	1. 2. 3.
有两个知识点对我来说很难	1. 2.
我同意 / 不同意这篇文章的观点，因为：	

话题六

伦　理

话题探究

概念： 交流、结构、惯用手法、目的。

概念性理解： 诠释结构和惯用手法有助于理解交流目的。

探究问题类型	探究问题
事实性问题	1. 博客的目的和受众是什么？ 2. 博客的文体格式有什么特点？ 3. 博客中有哪些常见的论证方法？ 4. 中国人有哪些传统的伦理观念？ 5. 现代社会中有哪些违背中国传统伦理观念的现象？
概念性问题	如何使用结构和惯用手法实现交流目的？
技能性问题	1. 如何通过过渡句或关联词来突出段落之间的逻辑关系？ 2. 如何通过分析文体结构找到作者的观点？ 3. 如何通过正反论证证明自己的观点？ 4. 在听力中，如何根据题目信息和选项的关系排除错误选项？特别是问内容概括、主要目的等题目时。
辩论性问题	传统的伦理观念一定适用于现代社会吗？

探究活动一：制作海报

两人一组，先从下面的文字云中选择一条中国传统的伦理观念，接着和小组成员一起制作海报介绍这条伦理观念的意思、来源以及对中国人的影响，最后在班上进行展示。

探究活动二：班级讨论

学完伦理这一话题以后，联系你所在国家 / 地区的伦理观念，从适用对象和范围比较它们和中国传统伦理观念的异同，并制作伦理观念对比卡。

正面	背面
中国的传统伦理观念	所在国家 / 地区的传统伦理观念
我选择的是：	相似 / 相反的伦理观念：
具体表现：	具体表现：
产生的影响：	产生的影响：

文本精读

多妙奇幻之旅的博客
www.duoduomiaomiao.weibo.com

> 文体：博客。博客名称和网址应放在左上角。

代孕是成人之美吗？

2021年5月28日22：34

> 标题写在中间，标题下面写日期和时间。

最近，一位中国女明星在美国以代孕的方式生下一儿一女，这一事件引发民众对代孕的关注。代孕是否符合中国伦理道德，是否应该合法化引起人们的讨论。

有人说代孕让不能或不愿怀孕的人美梦成真，实现了生儿育女的愿望，从这个角度来看代孕难道不是成人之美吗？我认为不是。

不可否认，这种做法确实帮助一些人实现了成为父母的愿望，但是也带来了一系列伦理和法律上的问题。

首先，谁来保障代孕母亲的安全和健康？代孕母亲在怀孕的过程中承担了很大的风险，比如疾病、意外事故，这些都对她们的健康不利。部分代孕母亲因为代孕中出现的意外而永远失去了再次怀孕生子的机会，她们该向谁寻求保护呢？

> 使用关联词“首先”“其次”“最后”突出逻辑关系。

其次，代孕生下的孩子是商品吗？这些孩子一出生就可能面对复杂的家庭环境，有的孩子因没有户口无法上学，甚至面临被拒收、弃养的风险。据新闻报道，2014年泰国一名代孕母亲为一对外国夫妇生下两个孩子，但对方因为其中一个孩子有疾病而拒绝全部接收，只把另外一名健康的孩子带回了国。孩子不应该成为商品，不能被随意买卖，也不能被拒收或者退货，这样的行为不仅是对生命的漠视，也违背了人类伦理原则。

最后，如何解决代孕所生的孩子和父母之间复杂的关系？代孕的孩子出生之后谁才是他们合法的母亲，是有血缘关系的母亲还是怀胎十月生下他们的代孕母亲？面对这样复杂的家庭关系，孩子在成长的过程中身心将会受到一定影响。

“你生的孩子，不是你的孩子”，这句话说出了代孕母亲的悲哀。在中国，代孕行为既违背伦理道德也违反法律，其危害巨大，所以我认为代孕绝对不是成人之美。关于代孕，你有哪些想法？请留言告诉我。

收藏（34） 转发（127） 评论（78） 点赞（659）

词汇梳理

序号	生词	拼音	英文解释
1	代孕	dàiyùn	surrogacy
2	成人之美	chéngrénzhīměi	help somebody achieve success
3	引发	yǐnfā	to trigger
4	伦理	lúnlǐ	ethic
5	美梦成真	měimèng-chéngzhēn	dream coming true
6	生儿育女	shēng'ér-yùnǚ	bear sons and daughters
7	保障	bǎozhàng	to guarantee
8	承担	chéngdān	to undertake
9	风险	fēngxiǎn	risk
10	户口	hùkǒu	registered permanent residence
11	弃养	qìyǎng	to abandon
12	漠视	mòshì	treat with indifference
13	违背	wéibèi	go against
14	血缘关系	xuèyuán guānxì	blood relation
15	怀胎十月	huáitāi shíyuè	pregnant for ten months
16	悲哀	bēi'āi	sadness; sorrow

句式梳理

句式	英文解释
1. 不仅……，也……	not only…, but also…
2. 首先……，其次……，最后……	first…, second…, and last…
3. ……是……还是……	whether…or…

内容梳理

阅读文章，完成下面的正反论证结构图。

1. 提出反面观点

2. 提出正面观点

3. 列举论据，进行论证

4. 总结，再次强调正面观点

这是一篇博客，这篇博客的交流目的是____________________。这一文体在语言上的特点是____________，比如____________________。博主的观点______________________________，使用的论证方法有____________________________。

阅读练习

一、选出正确的答案，把答案写在方框里。

1. 这是________。 □

A. 一则新闻报道

B. 一篇博客

C. 一篇访谈稿

D. 一个小册子

> 文体：根据文体特点可以排除新闻、访谈稿和小册子。

2. 最近一位中国女明星________。 □

A. 被警察抓了

B. 去美国拍电影

C. 去国外找人代孕

D. 在博客上说了不合适的话

> 关键词"中国女明星"出现在第一行，答案就在附近。

3. 根据文章内容选出三个正确的叙述，把答案写在方框里。 □ □ □

A. 代孕几乎没有好处。

B. 代孕生下的孩子可能被拒收或者弃养。

C. 代孕母亲在怀孕的过程中有可能遇到意外。

D. 代孕是成人之美。

E. 代孕在中国是违法的。

F. 代孕生下的孩子和普通孩子的成长环境差不多。

> 注意选项中出现的"几乎""可能""差不多"等表示范围或者概率的词语。

二、从第10行到第20行中找出和下面意思相同的词语。

4. 可能出现的危险（　　　　）

5. 遗弃，不再抚养（　　　　）

6. 冷漠地对待，不重视（　　　　）

三、根据文章内容填写下面的表格。

在句子里……	这个字 / 词……	指的是……
例：最近一位中国女明星在美国以代孕的方式生下一儿一女，这一事件……（第1行）	“这”	代孕
7. ……这些都对她们的健康不利。（第10行）	“这些”	____________
8. ……，这样的行为不仅是对生命的，……（第18行）	“这样”	____________

四、根据文章内容回答下面的问题。

9. 代孕生下的孩子会遇到哪些问题（写出一个即可）？

____

10. 中国为什么不允许代孕？

____

五、根据上下文，从选项中选出最接近下列词语的意思。

11. 美梦成真（第4行） □

12. 成人之美（第6行） □

13. 违背（第25行） □

A. 违反、背离

B. 美好的愿望变成了现实

C. 总地说起来

D. 没有名气，没有人知道

E. 考试被录取

F. 帮助别人实现愿望

拓展阅读

儒家五常——仁义礼智信

中国的伦理道德主要受到了儒家学派[1]的影响。儒家学派由孔子[2]创立，孔子提出了“仁”“义”“礼”，希望人们不仅学会爱人，也要遵守道德规范。

后来孟子[3]在孔子的基础上提出了“仁”“义”“礼”“智”[4]，主张学会爱人、对人忠诚、懂得礼仪、增长见闻。

随后董仲舒提出了“三纲五常”。“三纲”告诉人们如何处理君臣、父子、夫妻之间的关系。“五常”在孔孟的基础上加入“信”，也就是诚实守信，最终形成了以“仁义礼智信”为代表的伦理道德规范。

孔子	• 仁、义、礼
孟子	• 仁、义、礼、智
董仲舒	• 仁、义、礼、智、信（儒家五常）

（难度指数：☆☆☆☆☆）

---

① 儒家学派：Confucianism
② 孔子：Confucius
③ 孟子：Mencius
④ 仁义礼智：The four cardinal virtues: humanity, justice, propriety and wisdom

话题反思

完成了本话题的探究和行动，相信你对伦理有了更多的认识。请你根据表格中的提示问题进行反思并写下你的答案。

• **Connections** 1. 你知道哪些中国传统的伦理道德规范？ 2. 你所在的国家还有哪些伦理道德规范？ 3. 读完这篇文章，哪些字、词、句式、成语对你有用？ 4. 你认同文章中的哪些观点？为什么？	
• **Challenges** 1. 你不同意文章中的哪些观点？为什么？ 2. 这篇文章中的哪些词语让你觉得有难度，你打算用什么方法记住它们？	
• **Concepts** 1. 博客的文体特点是什么？ 2. 进行正反论证的结构是什么？ 3. 常用的论证方法有哪些？	
• **Changes** 1. 你以前对代孕有哪些认识？ 2 读完这篇文章后，你对代孕的理解发生了哪些改变？	

话题七

城市环境与乡村环境

话题探究

概念： 情境、目的、联系。

概念性理解： 理解情境和目的可加强联系。

探究问题类型	探究问题
事实性问题	1. 个人信件的目的是什么？ 2. 个人信件的文体格式有什么特点？ 3. 人们在什么情境下创作个人信件？ 4. 城市环境和乡村环境有哪些方面的不同？ 5. 在城市生活和在农村生活有什么不同的体验？ 6. 有什么方法可以加强城市和农村的联系？
概念性问题	1. 目的和情境如何影响文本的创作？ 2. 文本创作如何加强人与人之间的联系？
技能性问题	1. 在阅读中，如何通过小标题、关键词找到重要信息？ 2. 如何根据成语推断上下文的意思？ 3. 在阅读中，如何通过上下文、关键字来找到准确的词语？ 4. 在听力中，如何根据细节信息词如数字、特点写出正确的答案？
辩论性问题	住在城市一定比住在农村好吗？

探究活动一：

分组讨论城市、乡村的优点和缺点，并结合小组讨论结果思考你选择在城市生活还是在农村生活，为什么？

<table>
<tr><th colspan="2">小组讨论</th><th>个人选择</th></tr>
<tr><td rowspan="2">城市</td><td>优点：</td><td rowspan="4">我选择在________生活，
因为：</td></tr>
<tr><td>缺点：</td></tr>
<tr><td rowspan="2">乡村</td><td>优点：</td></tr>
<tr><td>缺点：</td></tr>
</table>

探究活动二：

你理想中的生活环境是怎样的？小组或个人设计一个理想的生活环境（海报、小册子、漫画等），并写一段说明，向别人介绍你理想的生活环境。

文本精读

给笔友的一封信

> 第一行顶格写收信人的称呼，后加冒号。

> 文体：个人信件。包括称呼、问候语、正文、祝福语、署名和日期。

亲爱的美玲：

> 第二行开始正文。前面空两格，以问候语开头。

你好！很抱歉这么久才给你回信，因为我参加了学校组织的CAS活动。我们到农村去给当地的老人院送温暖，看到了农村的新变化。正好你在信中提到要做一个关于现代乡村的调研，我想我可以跟你分享我的所见所闻。

说起乡村生活，你可能会想到这些画面：边远的山区、破旧的房屋、脏乱差的厕所……告诉你吧，现在的乡村早就变样啦！

首先，“出门靠步行，通信靠写信”的时代早已结束。如今农村基本实现通路通车通网络，全国各地的大小商品可以通过快递源源不断地投递到农民的手里。农民把农作物卖到城里更容易，他们的收入大大提高。以前破旧的房屋都换成了新楼房，不少人还住上了大别墅。所以，现在的农民不但住得好，吃的穿的用的也和城里人相差无几。

其次，乡村有青山绿水、鸟语花香，还有新鲜健康的水果蔬菜。在政府的组织下，有的农民把房屋设计成特色的民宿，并提供徒步旅行、骑马、漂流、民族传统活动等游玩项目。这种新型旅游方式不但让城里人身心得到放松，也让农民获得收益，真是一举两得！

除此之外，政府鼓励城市企业到乡村建厂，为农民带去更多的就业机会。一些规模巨大的智能农场全部采用现代化的设备和管理模式，安全又高效。有技术有实力的农民已经成为各大农业公司的“抢手货”，年薪超过不少城里人。

总之，新农村早就今非昔比，城乡之间衣食住行、就业机会等方面的差距在慢慢缩短，说不定有一天，人们不再向往城市的生活，而是愿意留在农村建设自己的家乡。

说了这么多，你觉得新农村怎么样呢？希望我的分享对你有帮助。如果你还有别的问题，也欢迎来信问我。

祝

一切顺利！

空两格写结尾。

张伟

2024 年 7 月 8 日

最后两行写写信人的姓名和日期。

词汇梳理

序号	生词	拼音	英文解释
1	所见所闻	suǒjiàn-suǒwén	what one sees and hears
3	源源不断	yuányuán-búduàn	continuously
4	别墅	biéshù	villa
5	相差无几	xiāngchā-wújǐ	almost the same
6	民宿	mínsù	lodging; B and B
7	徒步旅行	túbù lǚxíng	hiking
8	漂流	piāoliú	rafting
9	一举两得	yìjǔ-liǎngdé	kill two birds with one stone
10	企业	qǐyè	enterprise
11	就业	jiùyè	job opportunity; employment
12	规模	guīmó	scale
13	高效	gāoxiào	efficient
14	抢手货	qiǎngshǒuhuò	popular goods
15	今非昔比	jīnfēi-xībǐ	it's not what it used to be
16	差距	chājù	gap

句式梳理

句式	英文解释
1. 首先，……，其次，……	firstly …, secondly …
2. 不但……，而且……	not only … but also …
3. 除此之外，……	in addition, …

内容梳理

新农村的生活环境	交通和通信： 住房：
新农村的旅游环境	农村的环境有： 农村新的游玩方式是：
新农村的就业环境	规模巨大的农场有： 有技术有能力的农民：

这是一篇____________________，这篇文章的交流目的是____________________，受众是____________________，这种文体最大的特点是____________________。

阅读练习

一、选出正确的答案，把答案写在方框里。

1. 这是________。 □

A. 一篇故事

B. 一篇新闻报道

C. 一封信

D. 一篇演讲稿

答题技巧：在题目中找出文体的关键词。

2. 很久才回信的原因是________。 □

A. 忘了

B. 参加学校组织的 CAS 活动

C. 看到了农村的新变化

D. 要做一个关于现代乡村的调研

3. 下列哪个是乡村生活以前的画面？ □

A. 边远的山区

B. 破旧的房屋

C. 脏乱差的厕所

D. 以上都是

答题技巧：在第二段中找到关键词“画面”后面的内容。

二、根据文章内容回答下面的问题。

4. 现在的农村基本实现了什么？

答题技巧：注意观察题目中的关键词。

____

5. 现在的农民住什么样的房子？请写出一个。

____

三、根据文章内容，判断下面叙述的对错，在方框里打“√”，并以文章内容说明理由。两部分都答对才能得分。

	对	错
6. 乡村环境优美，食物都是新鲜的。	□	□

答题技巧：注意成语“山清水秀、鸟语花香“的概括。

理由：____

7. 农民把房屋设计成餐厅，并提供一些游玩项目。 □ □

理由：______________________________

答题技巧：注意同类词“民宿”“餐厅”的替换是否准确。

四、从第12行到第15行中找出和下面意思相同的词语。

8. 得到工作（　　　）
9. 效率超出一般的（　　　）
10. 争着去买的货物（　　　）

答题技巧：根据题目中的关键字找到准确的词语。

五、选出最接近左边词语的解释，把答案写在方框里。

11. 所见所闻 □（第 5 行）
12. 相差无几 □（第 13 行）
13. 今非昔比 □（第 24 行）

A. 形容连接不断，没有尽头。
B. 看到和听到的人和事。
C. 没有太大的差别。
D. 形容山水秀丽，风景优美
E. 做一件事达到两个方面的好处。
F. 现在和过去不一样了，形容变化很大。

答题技巧：根据上下文猜测成语的意思。

拓展阅读

农村电商直播

在今天的农村，直播带货成为了一种新潮流，它让许多边远山区的优质农产品走进了大城市，增加了农民的收入。

一部手机，一根自拍杆，就是让农民脱贫致富的“新农具”。农民们直接在田里或加工厂直播，让更多的消费者看到了农产品的生产过程，不但拉近了农产品与消费者的距离，而且吸引更多消费者来购买。据统计，2019 年，全国农产品网络销售额接近 4000 亿元。许多农民通过直播销售自家农产品，卖出了好价钱，大大增加了自己的收入。

（难度指数：☆☆☆）

话题反思

学完这篇课文，相信你对农村有了新的认识，请用“我曾经以为……我现在知道……”完成下列反思。

我曾经以为农村……	我现在知道新农村……	我还想知道新农村……

我曾经以为农村……	我现在知道新农村……	我还想知道新农村……

IB评估实践

写作

写作步骤

为了让学生的写作更具逻辑性，符合评估要求，教师可按照“概念性理解→讯息→语言”三个步骤训练学生的写作思路，帮助学生从概念性理解、讯息和语言三方面有效地完成写作任务。

写作实战练习

写作要求：根据以下题目写一篇300～480字的文章。

你刚刚读完一本有关“平等”话题的小说，你对小说中的故事情节印象深刻，这部小说也给了你很多启发。请从下列文本类型中选择一个来介绍并分享你对这部小说的看法。

■ 评论 ■ 日记 ■ 指南

步骤一：概念性理解

阅读题目，根据 GRASPS 来分析题目中的写作目的、作者角色、文章受众、写作情境以及写作重点，并在下表中填写相关信息。

G （Goal）	写作目的：
R （Role）	作者角色：
A （Audience）	文章受众：
S （Situation）	写作情境：
P （Product）	写作文体： 写作重点：
S （Standards）	写作标准： 参考标准 A、B、C 以及“写作评估自我检查反思表”

步骤二：讯息

阅读题目，找出题目要求的两个写作重点，并针对每个写作重点写下关键细节。

重点一	•细节一： •细节二： •细节三：
重点二	•细节一： •细节二： •细节三：

步骤三：语言

根据步骤一和步骤二的结果，列出完成作文需要用到的话题词汇、成语、俗语、复杂句式结构。

在作文中我要用到的词汇、成语、俗语	
在作文中我要用到的复杂句式	

写作步骤指导

步骤一：概念性理解（基于“评估标准 C 概念性理解”进行思考）

分数	水平细则
5～5分	**充分显示出概念性理解。** 选择的文本类型适合情境、目的或受众。 语体和语气适合作业的情境、目的或受众。 应答中充分包含了所选文本类型的惯用手法。

从评估标准 C 中我们可以看到，概念性理解主要是考查学生是否能够在写作中使用恰当的文体类型及其惯用手法、语体和语气，展示他们对情境、目的、受众、意义、变异等概念的理解。因此本书通过填写检查表（check list）的方式帮助学生思考自己的写作是否体现了概念性理解。

概念性理解	细则	√
情境	你刚刚读完一本有关“平等”话题的小说	
目的	介绍这部小说并分享对这部小说的看法	
受众	对男女平等话题有兴趣的读者	
文本类型	评论 / 读后感	
语体和语气	正式语气	
惯用手法	评论 / 读后感（参考学生范文）	

步骤二：讯息（基于“评估标准 B 讯息”进行思考）

分数	水平细则
10～12分	**有效地完成了作业。** 思想观点与作业相关。 思想观点得到充分展开，提供了各种细节和相关的例子。 清晰地介绍了思想观点，应答有逻辑性和连贯性，支持讯息的传达。

从评估标准 B 中我们可以看到，讯息部分主要是考查学生是否能够针对题目要求提出自己的观点，并有逻辑地论证自己的思想观点，因此本书通过思维导图的形式帮助学生梳理主要观点和细节信息。

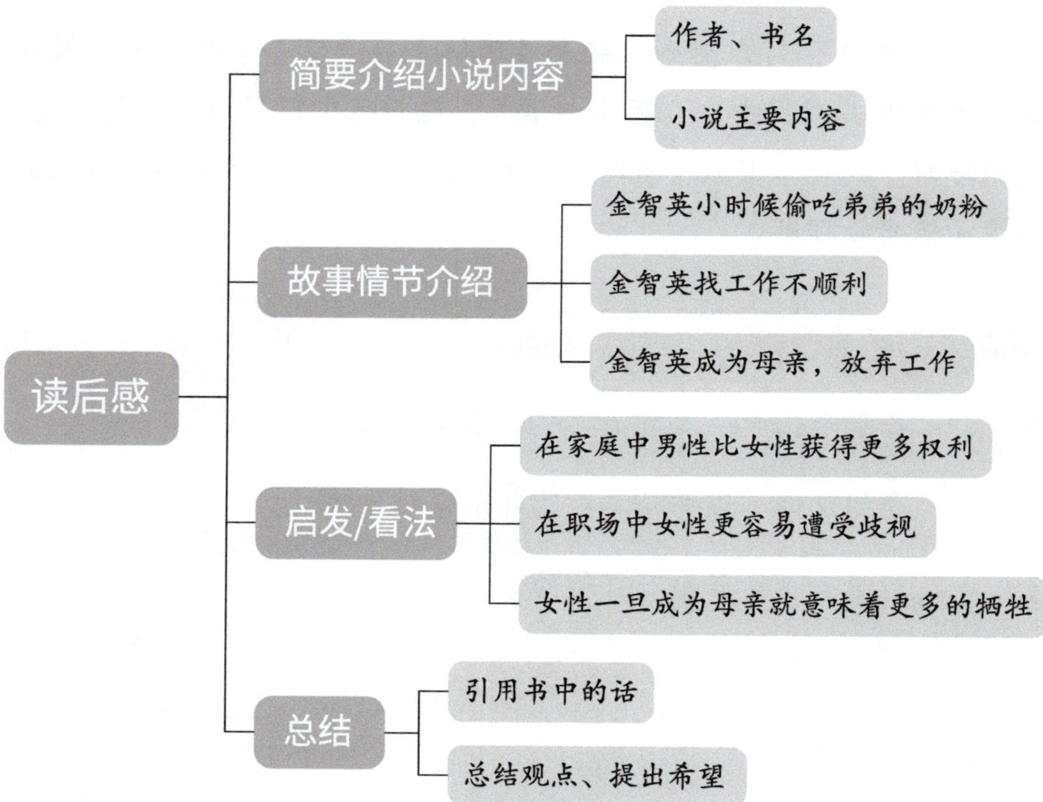

步骤三：语言（基于“评估标准 A 语言”进行思考）

分数	水平细则
10～12分	**准确且非常有效地掌握了所学语言** 使用的词汇适合作业，并且多种多样，包括了对习惯用语的使用。 有效地使用了各种各样基本的和较为复杂的语法结构。 语言大都准确。在较复杂的语法结构中有小错误，不妨碍交流。

从评估标准 A 中我们可以看到，语言部分主要考核学生对词汇、成语、俗语、习惯用语、语法结构的使用。因此，在写作前我们应该帮助学生积累相关词汇。针对题目，我们为学生提供以下参考词汇和语法结构。

参考词汇

困境	点滴	面临	待遇
原谅	重男轻女	现象	权利
职场	遭受	性别歧视	已婚已育
地位	牺牲	全职妈妈	窃窃私语
刺痛	坎坷	跌跌撞撞	现状

参考语法结构

1	讲述了……
2	虽然……，但不可否认……
3	一旦……就……
4	意味着……
5	对……抱有善意

6	就像书中所说的……
7	时至今日……

写作范文

评论：题目开门见山，点明主题。

从《82 年生的金智英》看女性的困境

萌萌

最近我读完了一部由韩国作家赵南柱写的小说《82 年出生的金智英》。这部小说讲述了一位韩国 80 后女性金智英的故事，通过她的日常生活点滴展现出 40 岁左右女性所面临的不平等待遇及生活困境。

开头简单介绍故事主要内容。

这部小说让我印象深刻。首先，它让我看到，在家庭中男性往往比女性获得更多。小时候金智英因为偷吃弟弟的奶粉被奶奶打骂，可弟弟犯了错却经常被原谅。弟弟可以有自己单独的房间，而金智英和姐姐只能跟奶奶合住。在中国的家庭中也存在"重男轻女"的现象，虽然当下已经不那么明显了，但不可否认，男性在家庭中依然拥有更多的权利。

"首先""其次""最后"使文章结构清晰。

其次，在职场中，女性更容易遭受"性别歧视"。很多公司都喜欢找年轻的女孩，或者是已婚已育的女性。因为他们觉得女性生孩子就得请假，生完孩子后放在工作上的精力就会不足。金智英找工作也不顺利。同样的条件，公司永远选择男性，升职的时候也优先考虑男性。一个女孩子要想在职场中取得跟男性同样的地位，付出的努力要大得多。

正文：介绍主要情节，提出观点。

最后，这部小说也让我看到一旦女性成为了母亲就意味着更多的牺牲。金智英成为母亲后，放弃了自己好不容易找到的工作，但社会上的人却并没有对全职妈妈抱有善意。有一次，她带孩子出门，买了一杯 9 块钱的咖啡来喝。旁边的男性在窃窃私语，"一个可以拿着老公钱出来喝咖啡的'妈虫'很幸福。""妈虫"在韩国指的是不工作花老公钱的女性。他们的话深深地刺痛了她的心。

就像书中所说的："一个女孩要经历多少看不见的坎坷，才能跌跌撞撞地长大成人。"时至今日，男女平等还有很长的路要走。作为一名女性，我们暂时还无法改变社会现状，我们能做的就是努力地生活，相信随着时代的进步，女性会有更多的平等权。

结尾：总结观点，提出希望。

写作评估自我检查反思表

标准 / 分数等级	水平细则	我做到了	我需要提高的方面
A语言 10～12分	**准确且非常有效地掌握了所学语言。** 使用的词汇适合作业，并且多种多样，包括了对习惯用语的使用。 有效地使用了各种各样基本的和较为复杂的语法结构。 语言大都准确。 在较复杂的语法结构中有小错误，不妨碍交流。	使用丰富的词汇 □ 使用动词、形容词等 □ 使用成语、俗语 □ 使用关联词、复句 □ 使用复杂的句子 □ 其他＿＿＿＿＿＿ ＿＿＿＿＿＿＿＿	

标准 / 分数等级	水平细则	我做到了	我需要提高的方面
B讯息 10～12分	**有效地完成了作业。** 思想观点与作业相关。思想观点得到充分展开，提供了各种细节和相关的例子。 清晰地介绍了思想观点，应答有逻辑性和连贯性，支持讯息的传达。	我回应了题目要求 □ 我提供了小说的各种细节 □ 我提供了与男女平等有关的例子 □ 我的文章主次分明 □ 我的文章结构清晰 □ 有清晰的开头和结尾 □ 其他＿＿＿＿＿＿＿＿ ＿＿＿＿＿＿＿＿＿＿	
C概念性理解 5～6分	**充分显示出概念性理解。** 选择的文本类型适合情境、目的或受众。 语体和语气适合作业的情境、目的或受众。 应答中充分包含了所选文本类型的惯用手法。	我的文本符合题目情境 □ 我的文本符合题目目的 □ 我的文本符合题目受众 □ 我的语气符合文本特点 □ 我的语调符合文本特点 □ 我使用了文本惯用手法 □ 其他＿＿＿＿＿＿＿＿ ＿＿＿＿＿＿＿＿＿＿	

听力理解

文本 A 国际冲突

一、选择正确答案。

1. 老师给同学们看了________。 □
   A. 爆发冲突的新闻和视频
   B. 演讲的视频
   C. 触目惊心的画面

答题技巧：细节概括题。注意录音中"总"和"分"的内容。

2. 那些触目惊心的画面中有________。 □
   A. 被炸毁的房屋
   B. 鲜活的生命
   C. 可爱的孩子

答题技巧：细节题。注意选项中替换的部分是否与录音匹配。

3. 哈佛大学生要去实习的国家________。 □
   A. 被阿拉伯国家承认
   B. 发生过战争
   C. 不在中东

4. 哈佛大学生安检花了多长时间？ □
   A. 5 ～ 10 分钟
   B. 一刻钟
   C. 超过半小时

答题技巧：细节题。关键词"但是 / 可是 / 不过"后一般是答案。

二、回答下面问题。

5. 哈佛大学生在安检时被当成了________。
6. 日记的作者生活在一个怎样的国度？

答题技巧：汉字书写题。正确答案往往不止一个，尽量不写错字。

____

文本 B 行走台湾——遇见最美的乡村

一、完成下列填空。

答题技巧：填写数字题。注意听清楚上下文，文中可能不止出现一次数字。

7. 考察团在台湾进行了为期________天的考察。
8. 绿世界生态农场的课外游和亲子游人数高达________万人次。
9. 台湾美丽乡村把自然环境与________结合。

二、选择正确答案，在方框中打“√”。

答题技巧：搭配题。其中一个题目有两个答案。注意根据问题和答案，听清录音中的因果联系。

	游客打卡	沉浸式体验	教育功能	文艺活动
10. 休闲农场	□	□	□	□
11. 体验活动	□	□	□	□
12. 文创产业	□	□	□	□

三、回答下面问题。

答题技巧：细节题。注意关键词：教堂、特点。

13. 听力中出现的教堂有什么特点？

____

14. 请写出一个南彩县鹿谷乡的特色活动。

____

文本 C 公众知情权和隐私权

一、选择正确答案。

答题技巧：内容概括题。如果是问主要内容、目的等，选项中特别细节的选项往往不是正确答案。

15. 新闻稿主要讨论疫情期间________。 □

A. 如何保护自身安全

B. 如何平衡公众知情权和隐私权

C. 如何追踪公众出行线路

16. 民众扫描“安心出行”是为了________。

A. 了解是否接触确诊病例

B. 追踪出行线路

C. 及时更新自己的出行线路

答题技巧：因果关系题。注意主语“民众”。

17. 谁可以收集和发布公众的个人信息？

A. 疾病控制中心

B. 政府部门

C. 社区卫生部

二、选出四个正确的叙述。

18. A. 医疗机构应告知市民信息收集的目的。

B. 身份证号是必须收集的信息。

C. 市民出行线路、出行日期等信息必须收集。

D. 必须收集的信息有助于民众了解周围的环境。

E. 电话号码和家庭地址绝对不会被收集。

F. 国家不会对个人的隐私权作出让步。

G. 政府公布信息时不应该损害民众的利益。

H. 工作人员可以公布所有收集的信息。

答题技巧：多选题。注意选项中的程度副词、否定副词、范围副词、因果联系等。

三、回答下面的问题。

19. 政府不能让民众成为什么？

____

20. 政府部门完成工作任务时要保障公民的什么？

____

听力文本

文本 A

国际冲突

情境：这是一篇日记，作者在人文课上看到关于国际冲突的新闻，于是写下了这篇日记。

2021 年 5 月 13 日　星期四　天气晴

今天上人文课时，老师给我们看了两个国家爆发冲突的新闻和视频。新闻中那些触目惊心的画面一直印在我的脑海里，被炸毁的楼房，失去生命的人，满脸鲜血却又迷茫的孩子。那些可怜的人一夜之间失去了家园、亲人，明天要去哪里，谁也不知道。

我曾经听过一个哈佛大学生的演讲，她大学期间去了一个中东国家做调研实习，那是一个不久前才发生过战争的国家。在演讲中，她提到了一件事情：机场的安全检查一般 5～10 分钟。如果行李没有特别的问题，很快就可以去登机口。但是她在机场被工作人员询问了半个多小时。她感觉自己被当成了一个恐怖分子。她的同学告诉她，因为这个国家时常受到各种恐怖袭击，所以这个国家只能用这种最笨但最保险的方法去排除危险。

我很幸运，自己生活在一个安全的国度，拥有一个安全的国民身份。这份安全来自很多人的付出，维和部队、国家外交、公共服务的从业人员等。我也希望其他国家的战争能早日结束，每个人都生活在和平之中。

文本 B

行走台湾——遇见最美的乡村

这是一篇官方博客，主要是讨论中国台湾的乡村建设。

浙江省旅游协会官方博客

www.zjslyxh.com

近几年，台湾的美丽乡村已经成为乡村旅游的最佳典范。为了借鉴台湾美丽乡村建设的模式，促进浙江省乡村旅游的发展，浙江省旅游协会、乡村建设委员会组成考察团赴台进行了为期12天的考察，走访了5个乡村和3个原生态农场。当地负责人向考察团介绍美丽乡村的模式，把休闲农业、生态生活融为一体，让游客感受大自然的美。

休闲农场是乡村旅游的第一大特色。农场既蕴含教育功能，游客可以在休闲中学习知识，又是一个大自然生态休闲区。绿世界生态农场每年都会接待中小学课外旅行和亲子游，人数高达50万人次。

丰富多彩的体验活动是第二大特色。游客不仅可以通过采摘蔬果、采茶制茶、手工扎染等沉浸式体验活动感受劳动的快乐，而且各个乡村均有自己的特色文化景点供游客们参观。比如妈祖庙，人们可以进去烧香拜佛；纸教堂，一种独特的纸管建筑，里面的所有材料是用纸做的。

文创产业是美丽乡村的第三大特色。云山县远洋小区“屋顶上的猫”，在小区的墙壁上绘有各种3D猫涂鸦，吸引了众多游客前来打卡。南彩县鹿谷乡每年的乡村音乐节、山水油画拍卖等也吸引了不少文艺青年。高山县苗镇依托文创的力量，发展出陶瓷碗、手工布鞋等手工艺品。

台湾美丽乡村之所以这么成功，是因为将自然环境与当地文化结合。浙江省不仅有丰富的旅游资源，而且文化底蕴深厚，完全可以通过打造精致农业与特色文化结合的旅游乡村，带动浙江省的旅游发展。对此你有什么想法？欢迎留言与我们分享。

阅读（908） 转发（593） 收藏（467）

文本 C

公众知情权和隐私权

情境：这是一篇新闻采访，主要是探讨在疫情时代，公众知情权和公民个人隐私之间应该如何平衡。

新冠疫情下，全球各国都在积极抗疫。为了追踪民众的出行线路，是否接触到确诊案例，许多国家和地区推出各类应用程序，如中国香港的“安心出行”、中国大陆的“防疫健康码”、新加坡的“合力追踪”等，民众必须在进出公众场合时使用这些应用程序扫码，及时更新自己的出行线路。

不过，本报社会新闻部收到不少民众的来信，他们对防疫追踪应用程序的安全性表示担忧，因为这类应用程序收集的信息过于详细了，有的甚至要求填写工作地址和上传照片等。针对这一问题，本报记者采访了政府信息收集部的工作人员李艺。

记者：谁可以收集和发布个人信息？

李艺：根据国家法律规定，疾病控制中心、医疗机构及社区管理组织等机构在得到授权后可以收集和发布个人信息。不过这些机构也需要事先明确告诉市民信息收集的目的，并取得其同意。

记者：哪些个人信息会被收集？

李艺：公共卫生部有一个专门的表格，上面写明了哪些信息是必须收集的，如出行线路、出行日期、近距离接触人员等，这些信息可以帮助民众了解周围的环境，可以更好地保护自己。而有一些信息如身份证号、家庭门牌号等和防疫没有直接联系的，可不必收集。当然，为了方便联系，电话号码、家庭地址等信息也会收集，政府相关部门会采取措施，保护民众个人隐私。

记者：公众知情权和民众隐私权应该如何平衡？

李艺：在特殊时期，对个人的隐私权作出一定的让步，这在一些国家和地区的法律中都是允许的。政府部门有义务保护民众的隐私，不会在没有正当理由的情况下让民众成为“透明人”。因此，工作人员在公布信息时都会掌握好“度”，只公布与防疫相关的信息。

在新冠疫情的特殊时期，政府和社会组织都需要调整工作方式以适应新的变化。政府部门更应该及时听取民众的建议，结合实际情况，调整和改进一些工作方式，做到既能有效推进工作，又能保障公民隐私。

个人口头活动

个人口头活动备考步骤

为了让学生的个人口头表达更具逻辑性，建议考生从以下四个方面对图片和相关主题及目的语文化进行阐述。

1. 概括图片内容，点明主题

- 整体概括图片内容
- 点明图片所呈现的相关学习主题

2. 描述图片细节

- 选取图片中最能体现学习主题的细节进行描述
- 选取图片中体现目的语文化的细节进行描述

3. 联系主题、目的语文化，发表观点

- 分析相关主题的现象、成因、影响等，并发表评论或提出建议
- 联系个人体验及目的语文化进行比较，发表个人看法

4. 总结内容和观点

- 对图片内容/主题/思想观点/个人观点/个人看法进行总结强调

个人口头活动评估实战练习

口头表达

共享地球

步骤一：概括图片内容，点明主题

观察图片，用关键词回答问题。

提示问题	你的答案
图片中有哪两种不同的交通工具？	
图片中有什么建筑？是什么颜色的？	

提示问题	你的答案
你认为这张图片一般出现在什么地方？为什么？	
这种图片让你想到了什么？	
其他方面	

把你答案中的这些关键词按照下列句式表达出来，完成对图片内容的概括。

这张图片展现的是________________和________________两种交通工具。我之所以认为这张图片会在__________地方出现，是因为______________________________。这张图片让我联想到学过的________________主题。

步骤二：描述图片细节

观察图片，用完整的句子回答问题。

提示问题	你的答案
请描述图片中的颜色对比的含义是什么？	
请描述图片让你想到了哪些环境问题，这些环境问题产生的原因是什么？	
请描述图片中的环境问题对人类的生活有什么影响。	
其他方面	

步骤三：联系主题、目的语文化发表观点

发挥联想，用完整的句子回答问题。

提示问题	你的答案
关于低碳出行、绿色生活，政府可以有哪些措施？你如何看待这些措施？	
关于低碳出行、绿色生活，个人可以有哪些行动？你对这些行动有什么看法？	
举例说明华语社区有哪些环境保护的政策或示范，对环境保护有什么作用？	
除了低碳出行，还有哪些保护环境的措施？	
其他方面	

步骤四：总结内容和观点

参考以下句式，用两三句话总结任务二和任务三中的主要内容和观点。

总而言之，这张图片展示了____________________________。我认为____。

完成以上四个步骤后，个人口头活动的第一部分就算完成了，以下是个人口头活动第一部分口头表达的范本。

第一部分：口头表达

这是一张呼吁人们低碳出行的海报。这张海报最引人注意的就是图中的自行车和私家车，自行车在海报的左边，底色是绿色；私家车在海报的右边，底色是黑白的。这张图片让我想到了共享地球的主题。我认为这张海报应该会出现在居民社区或者公共场所，目的是让更多人加入到低碳出行的行动中，减少全球变暖的问题。

点出图片的类型和主题，从左到右描述与主题相关的细节。

海报使用不同的颜色进行对比，给人强烈的视觉效果。左边的绿色、五颜六色的城市与右边黑白的城市形成对比，让人联想到城市低碳出行和绿色生活的选择对环境至关重要；右边的灰色应该是为了表现私家车排放的尾气导致环境污染和全球变暖等问题，让人们看到如果我们不减少汽车尾气排放，我们的城市将变成图片右边那样，一片灰蒙蒙的。

进一步阐释图片颜色的目的，并推断相关的环境问题。

全球变暖是我们不可忽视的环境问题。导致全球变暖的原因有很多，很多城市的郊区都设有工厂，工厂排放的废水废气给城市带来空气污染和雾霾问题，我们常常用的私家车也排放了很多的汽车尾气，就像图片中的汽车一样。工厂的废气和汽车尾气释放的二氧化碳是导致全球变暖的主要原因。全球变暖不只是让地球温度变高，还会使南极和北极的冰川融化，带来海平面上升，地球上的物种灭绝等问题。城市中的废气排放使居民们的生活质量下降，甚至导致人们肺部或呼吸道类疾病的发病率上升，饮用水源的质量下降，这些都威胁人的身体健康。除了全球变暖，我们生活中的环境污染问题还有垃圾污染，尤其是塑料垃圾越来越多。虽然塑料袋让我们的生活变得更方便，但塑料袋要用很长的时间才能分解，而且有很多地区没有垃圾分类的设施和规则，这就让垃圾污染的问题变得更严重。

从不同角度说明环境问题产生的原因以及对人类生活的影响。

那我们怎么做才能保护环境呢？为了保护环境，不管是政府还是个人，都要推广低碳出行、绿色生活。

首先，我觉得政府应该提倡低碳经济，建造低碳城市。政府可以建设更多的轻轨、地铁，同时发布鼓励市民们使用公共交通工具的优惠政策，鼓励市民多使用公交车、自行车或者拼车出行；其次，政府可以通过公益广告来鼓励市民们购买新能源产品，如电动车、太阳能热水器；最后，政府应该组织一些社区工作坊，包括如何正确地进行垃圾回收、垃圾变废为宝的创意设计等，像上海这个城市的垃圾回收机制就做得特别好。

> 联系目的语文化，从政府和个人层面说明如何实现低碳出行、绿色生活。

作为个人的我们怎么能保护环境呢？首先，我觉得我们可以养成随手关灯关空调的好习惯，节约能源；其次，我们可以减少使用塑料制品，回收垃圾；最后，我们可以选择绿色出行，图片展现的自行车出行方式就是很好的低碳出行方式。当然做环保义工也是保护环境好的方法，比如说去海边捡垃圾或者在社区宣传环保的重要性。但我们也要知道，仅仅做义工是治标不治本的，我们每个人都应该树立环保意识，也要教育孩子们和青少年们，加强他们的环保意识，因为他们是保护环境的主要力量。

总而言之，低碳出行、绿色生活是保护环境的重要方式，需要我们每一个人的参与。俗话说：众人拾柴火焰高。城市是我家，环境靠大家。保护环境不止是我所说的这些，我们要从生活中的小事做起，从你我做起。

> 总结。运用俗语说明低碳出行、绿色生活需要每一个人的参与！

第二部分：后续讨论

学生完成3～4分钟的口头表达之后，教师就要根据学生的表达，与学生进行4～5分钟的后续讨论。以下是考纲对后续讨论部分的要求：

学生做完口头表达之后，教师就要通过针对视觉启发材料所代表的主题提问，从而发起讨论。这些提问应当：

- 试图澄清或扩展学生在口头表达中所做的评论；
- 请学生阐释和评价视觉启发材料和教师表达的思想观点；

• 鼓励学生与自己的其它文化体验进行联系和比较；
• 给学生提供机会，让他们展示对所学语言文化的理解和欣赏；
• 鼓励学生尽最大努力进行真正的对话。

（摘自 2020 版语言 B 指南第 46 页）

基于上文的口头表达，以下是教师与学生进行**后续讨论**的问题，学生回答的范例及答题技巧。

1. 你提到保护环境一个重要的方式是做环保义工，你能否分享一下你做环保义工的经历？

> 先分享自己的经历，再说明自己的思考，回应前文观点。

答：我在学校期间参加了许多环境义工活动，让我印象最深的就是九年级的时候和我的同学们一起去海边收垃圾。虽然那一天我们收完了海边的所有垃圾，但第二天还有人到那里游玩，还是会有新的垃圾出现，垃圾污染的问题依旧存在，这让我意识到我们的做法治标不治本。所以我们要加强宣传，让每个人树立环保意识，一起加入环保的队伍中来。

2. 你刚才提到“治标不治本”。你认为学校应该如何帮助青少年树立环保意识？

> 先说明原因，再举具体的例子。使用连接词：首先、其次、最后。

答：首先，我觉得学校应该组织一些工作坊，让孩子们做一些垃圾回收的创意设计，在课堂上讲授一些有关垃圾污染和低碳生活的内容，将环境保护知识与实践活动相结合，寓教于乐。其次，学校鼓励学生自带水杯到学校，以减少一次性水杯的使用。最后，我觉得学校应教育学生减少用纸，以减少森林砍伐。

3. 你能分享一下在你的学校里面有哪些保护环境的措施或者保护环境的规定吗？

> 从学校的设施、宣传提示以及义工活动等角度说明。

答：我们学校在校园的各个角落都设有不同的垃圾回收桶，如塑料垃圾桶、纸张回收桶、不可回收垃圾桶等，方便同学们将不同的垃圾放在不同的回收桶里。学校餐厅使用的碗筷、水杯都采用可回收再利用材料，不提供一次性餐具。

学校的开关和水龙头旁边都贴有“随手关所有灯”“请关水龙头”的提示语，提醒大家节约用水用电。还有学校每个学期都会组织各个年级到校外做环保义工活动，如调查被污染的河流、去绿地保护区清理垃圾、去社区宣传环保行动等。

4. 你认为低碳出行和绿色生活会给我们的生活带来什么变化？

从城市环境、交通状况、身体健康等角度回答问题。

低碳出行和绿色生活不仅能节约能源，降低二氧化碳的排放，而且减少环境污染，让我们的城市环境变得更干净；同时，这样的出行方式也能减少交通堵塞，改善城市的交通状况。对我们来说，步行、骑自行车等出行方式还能达到锻炼身体的目的。绿色出行是一种既环保又健康的生活方式。

小提示

由于后续讨论4～5分钟的时间限制，笔者认为老师提4～6个问题比较合适。这样学生回答每个问题大概会有1分钟左右的时间，这有利于学生针对问题进行深入探讨。教师提问时，应尽量围绕学生的口头表达及图片所呈现的主题及目的语文化进行提问，所提问题应能促进学生进一步的拓展和延伸，并有利于学生展现自己的口语水平。学生在回答时，若能遵循“回应题目—陈述观点 / 理由—总结”这一模式，则有助于学生清晰完整的回答问题。

第三部分：综合讨论

综合讨论是教师和学生围绕五个主题中除已讨论主题外的另外一个主题进行5～6个综合讨论。也就是说在口头表达和后续讨论环节学生已经讨论了“共享地球”这一主题，那么综合讨论就应该选共享地球以外的主题进行讨论。教师可根据学生的实际情况选择任何主题进行讨论。以下提供的是“身份认同”主题的综合讨论问题库。

1. 你喜欢“宅”这样的生活方式吗？为什么？

2. 什么样的生活方式是健康的？你平时会做哪些对健康有益的娱乐活动？

3. 什么是幸福，你对幸福的观点是什么？

4. 中国的传统价值观中，你最认同的是哪一个？为什么？

5. 你认为我们还需要传承传统价值观吗？为什么？

6 你有哪些保持身体健康的方式？

7. 你的文化中有什么价值观和中国提倡的价值观完全不一样？

8. 你喜欢什么次文化，它如何影响你的身份认同？

9. 你喜欢学习中文吗？学习中文对你有什么意义？

10. 你对想要学习中文的青少年有什么建议吗？

个人口头活动评估自我检查反思表

标准／分数等级	考纲评估标准	我做到了	我需要提高的方面
A语言 10～12分	**准确且非常有效地掌握了所学语言。** 使用的词汇适合作业，并且多种多样，包括了对习惯用语的使用。 有效地使用了各种各样基本的和较为复杂的语法结构。 语言大都准确。在较复杂的语法结构中有小错误，但不妨碍交流。 语音和语调很容易理解而且有助于表达意思。	使用了丰富的词汇 □ 使用了动词、形容词等 □ 使用了成语、俗语 □ 使用了关联词、复句 □ 使用了复杂的句子 □ 发音标准 □ 语调促进了交流 □ 其他＿＿＿＿＿＿＿＿ ＿＿＿＿＿＿＿＿＿＿	
B1讯息—视觉启发材料 5～6分	**口头表达与启发材料始终有关联，并利用了一些明显的和隐含的细节。** 口头表达提供了与启发材料相关的描述和个人的诠释。 口头表达与所学文化有清楚的联系。	我概括了图片内容 □ 我详细描述了图片细节 □ 我联系并分析了图片反映了学习主题 □ 我联系比较了与图片有关的目的语文化 □ 我对主题和目的语文化做出了评论、发表了看法 □ 其他＿＿＿＿＿＿＿＿ ＿＿＿＿＿＿＿＿＿＿	

标准 / 分数等级	考纲评估标准	我做到了	我需要提高的方面
B2讯息——对话 5～6分	**学生的回答始终与问题相关，并显示了一些展开。** 回答始终恰当而且得到了展开。 回答有深度和广度，包含个人的解读和 / 或与对话者交流的尝试。	我能很快理解问题 ☐ 我回应了问题，提出了自己的观点并解释了原因 ☐ 我分析了现象、解释了成因、提出了建议 ☐ 我联系现实生活进行了比较分析、总结、评论 ☐ 其他________________ ________________	
C互动交流技能——沟通交流 5～6分	**一贯保持着理解和互动交流。** 学生能用所学语言回答而且表现出理解。 切实地参与了会话，并提出了一些独到的见解。	我能很快理解问题 ☐ 我回应了问题，提出了自己的观点并解释了原因 ☐ 我分析了现象、解释了成因、提出了建议 ☐ 我联系现实生活进行了比较分析、总结、评论 ☐ 其他________________ ________________	

参考答案

第四章　社会组织

话题一　社会关系

▶阅读练习参考答案

1. B
2. 在家靠父母，出门靠朋友。
3. 近朱者赤，近墨者黑。
4. a. 因为朋友陪伴的时间比父母陪伴的时间多得多。
   b. 朋友的鼓励及安慰更贴心。
5. a. 近朱者赤，近墨者黑。
   b. 这样儿子不会感到孤单。
   c. 人生更丰富多彩，更有力量。（写出其中一个都能得分）
6. 对。理由：我们绝不能一遇到困难就放弃，应该勇敢乐观地面对它，克服它。
7. 对。理由：生活中，常常会发生一些不愉快的事，这时候，我们最需要的就是互相理解、互相尊重。
8. 错。理由：青春不仅是用来怀念的，更是用来创造的，你要让自己的青春丰富起来。
9. E
10. C
11. B

话题二　社区 / 群体

▶阅读练习参考答案：

1. D
2. 吃粽子、制香包、划龙舟（三选一即可）
3. “云端午”或者在线上举办活动（二选一即可）
4. D
5. A
6. B
7. F
8. 上传
9. 投票
10. 创意
11. 错。上传照片的时间是5月24日—5月30日。
12. 对。业主 / 住户要自带废旧布料、棉花。

话题三　社会参与

▶ 阅读练习参考答案

1. D
2. C
3. 从八岁开始。
4. 为了得到它们的皮毛、角、牙齿和肉。
5. 只是
6. 并且
7. 因此
8. 错。理由：去年暑假，参加的是"拯救我们的动物"游行。
9. 对。理由：我认为志愿者工作的目的就是让人与自然和谐相处。
10. C
11. E
12. G（CEG任意顺序均可）

话题四　教育

▶ 阅读练习参考答案：

1. C
2. D
3. 上班族
4. 通勤
5. 碎片化
6. 在线教育
7. 员工
8. 对。五花八门的在线活动平台也让学生很有新鲜感。
9. 错。有一些科目不适合在线学习，如实验课、体育、舞蹈等。
10. D
11. B
12. A
13. F

话题五　职场

▶ 阅读练习参考答案

1. C
2. D
3. 有现代化的多媒体教学设备
4. 扩展业务
5. A
6. D
7. F（ADF任意顺序均可）
8. 对。理由：每周休息一天，周一到周五轮休。
9. 错。理由：无OT（加班）文化
10. B
11. F
12. E

话题六　法律与秩序

▶ 阅读练习参考答案

1. 违法
2. 虐待
3. 立刻
4. C
5. E
6. B
7. 错。理由：不管是小学初中教育，还是高中和大学教育，监护人都有责任让你接受教育。
8. 对。理由：法律禁止不满16周岁的人参加工作。
9. 错。理由：法律援助中心会为你免费提供法律援助。

10. 打骂你 / 把你关起来 / 让你做过多的劳动（任选两个）
11. 教育部门 / 当地政府
12. 在学校读书或者接受职业技能教育

IB 评估实践

▶ 听力 练习参考答案

文本 A　夸赞孩子有用吗？

1. B
2. C
3. A
4. 鼓励更多的好行为
5. 重视孩子的努力
6. 树立正确的价值观

文本 B　未成年人保护法

7. B
8. C
9. A、D、E（任意顺序均可）
10. 密码
11. 手机

文本 C　教育焦虑

12. B
13. A
14. C
15. C
16. 虎妈式
17. 水母式
18. 海豚式
19. 在更好的高中学习
20. 相当 / 差不多（意思对了即可得分）
21. 考试成绩前五名 / 作业按时完成（任意一个答案均可）
22. 各有千秋（意思对了即可得分）

第五章　共享地球

话题一　环境

▶ 阅读练习参考答案：

1. B
2. C
3. C D F（顺序可以换）
4. 畅通
5. 步骤
6. 简约
7. 错。下载米家应用程序（并把手机和净化器进行连接），就可以用手机控制。
8. 错。当滤芯需要更换时，提示灯会自动亮起。
9. 对。整机保修期一年。
10. 睡眠（模式）
11. 滤芯旁边
12. B
13. C

话题二　人权

▶ 阅读练习参考答案：

1. D
2. C
3. A D E（顺序可以换）
4. 宽敞
5. 平等
6. 补贴

7. 错。包容性健身房里有方便残障人士使用的健身器材。
8. 对。新加坡的商场里几乎都有家庭卫生间和母婴室。
9. 对。社会上的慈善机构和企业也在不断地帮助弱势群体，为他们提供免费的服务。
10.《弱势成年人法》
11. 因为他们大多能走出家门跟普通人一样生活。
12. C
13. D
14. A

话题三　和平与冲突

▶ 阅读练习参考答案

1. B
2. 每逢周末或假期。
3. 因为他很认同“无国界医生”的理念。
4. 对。因为目前他所在的地区交通不发达，物资缺乏。
5. 错。因为很多骨折、意外受伤等病人我们只能简单包扎和处理。
6. 治安
7. 救治
8. 宗旨
9. A
10. F
11. G

话题四　平等

▶ 阅读练习参考答案：

1. A
2. D
3. A D E（顺序可以换）
4. 误解
5. 决策
6. 低估
7. 对。许多女性因为性别遭遇困难以及歧视，让她们的路走得更加艰辛。
8. 错。温柔、顾家（这些美好的品质）不是女性专属，打拼事业（这些事情）也不只有男性才能做到。
9. 女性主义指的是女性应该拥有和男性同等的权力和机会。
10. 如果我们不再把男性当作竞争对手，我们就会更加自由。
11. D
12. B
13. E

话题五　全球化

▶ 阅读练习参考答案

1. D
2. C
3. 极端天气危机
4. 保护生态环境、推动可持续发展。
5. 错。理由：所有国家都应该制定相关政策和措施，发展经济的同时也要保证实现碳中和的目标。
6. 对。理由：各国也应坚持走绿色低碳发展道路。
7. B
8. D
9. G
10. F
11. D
12. B

话题六　伦理

▶阅读练习参考答案：

1. B
2. C
3. B C E（顺序可以换）
4. 风险
5. 弃养
6. 漠视
7. 疾病、意外事故
8. 随意买卖，拒收或者弃养
9. 复杂的家庭环境 / 无法上学 / 可能被拒收、弃养（答出一个即可）
10. 代孕行为既违背伦理道德也违反法律。
11. B
12. F
13. A

话题七　城市环境与乡村环境

▶阅读练习参考答案

1. C
2. B
3. D
4. 通路通车通网络
5. 新楼房 / 大别墅。（写对一个即可）
6. 对。理由：乡村山清水秀、鸟语花香，还有新鲜健康的水果蔬菜。
7. 错。理由：农民把房屋设计成民宿。
8. 就业
9. 高效
10. 抢手货
11. B
12. C
13. F

IB 评估实践

▶听力练习参考答案

文本 A　国际冲突

1. A
2. A
3. B
4. C
5. 恐怖分子
6. 安全

文本 B　台湾行走——遇见最美的乡村

7. 12
8. 50
9. 当地文化
10. 教育功能
11. 沉浸式活动
12. 游客打卡、文艺活动
13. 用纸做的
14. 乡村音乐节 / 山水油画拍卖（写对一个即可得分）

文本 C　公众知情权和隐私权

15. B
16. C
17. A
18. A、C、D、G（任何顺序均可）
19. 透明人
20. 隐私

出 版 人：王君校
策划编辑：韩　颖
责任编辑：杨　晗
封面设计：马　丽
印刷监制：汪　洋

图书在版编目（CIP）数据

IBDP 中文 B 概念探究考学双赢：SL. 下册 / 韦庆芳主编 . -- 北京 : 华语教学出版社，2024.4
ISBN 978-7-5138-2564-1

Ⅰ . ① I… Ⅱ . ①韦… Ⅲ . ①汉语 – 对外汉语教学 – 教学参考资料 Ⅳ . ① H195.4

中国国家版本馆 CIP 数据核字（2024）第 032594 号

IBDP 中文 B 概念探究考学双赢：SL. 下册

韦庆芳　主编

*

© 华语教学出版社有限责任公司

华语教学出版社有限责任公司出版
（中国北京百万庄大街 24 号　邮政编码 100037）
电话：(86)10-68320585, 68997826
传真：(86)10-68997826, 68326333
网址：www.sinolingua.com.cn
电子信箱：hyjx@sinolingua.com.cn
北京中科印刷有限公司印刷
2025 年（16 开）第 1 版
2025 年第 1 版第 1 次印刷
ISBN 978-7-5138-2564-1
007900